「医学部受験」を決めたら まず読む本

合格をナビゲートする データで解説！

7つの質問

Q1 医学部入試のしくみは どうなっているの？

Q2 医学部の入試は どれくらい難しいの？

Q3 医学部の入試問題は 他学部と何が違うの？

Q4 医学部入試で、 面接・小論文対策は重要なの？

Q5 医学部の学校推薦型選抜は 一般選抜よりも易しいの？

Q6 医学部の学費は どれくらいかかるの？

Q7 医学部に合格するために 大切なことは？

Q1 医学部入試の仕組みはどうなっているの？

A 2021年度から始まる新しい入試制度では、医学部に入るためには「一般選抜」「総合型選抜」「学校推薦型選抜」のいずれかで合格を勝ち取る必要があります。さらに、地域枠などの枠組みもあり、その仕組みは複雑になっています。

　大学入学共通テスト（以下、共通テスト）が始まる2021年度入試から、一般入試は「一般選抜」、AO入試は「総合型選抜」、推薦入試は「学校推薦型選抜」という呼び名に変わります。国公立大の一般選抜の場合は、「共通テスト」と、大学別に実施される「個別学力試験（2次試験）」との合計で合否が決定します。個別学力試験は「前期日程」と「後期日程」に分かれ、それぞれ1校の出願が可能ですが、後期は実施校が少なく、募集人員も前期の1割程度となるため、実質的には前期の1回勝負です。また、国公立大医学部の一般選抜では、「2段階選抜」にも注意が必要です。これは、「共通テスト」で大学が設定した基準に満たない志願者をふるいにかけるもので（第1段階選抜）、「共通テスト」の得点次第では、2次試験に進めないまま不合格となります。

　私立大の場合、半数以上の大学が「共通テスト利用方式」を導入していますが、募集人員は多くないため、「一般選抜」（各大学の個別試験を受ける方式）の前期・Ⅰ期入試での合格を目指すのが一般的です。その一方で後期・Ⅱ期入試を実施するところが増え、受験機会が増える傾向にあります。また、国公立大・私立大ともに全大学で面接が必須となっているのも大きな特徴です。

◆ 2021年度 私立大医学部入試スケジュール 概要

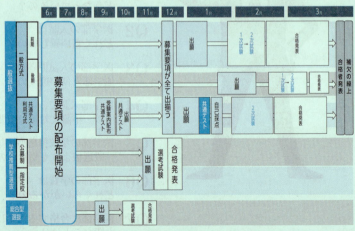

私立大の一般選抜では、約3分の2の大学で複数の受験方式・日程を設定しており、1つの大学で複数受験が可能な場合もあります。

◆ 2021年度 国公立大医学部入試スケジュール 概要

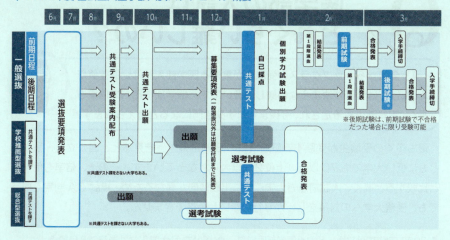

◆ 2段階選抜の概要

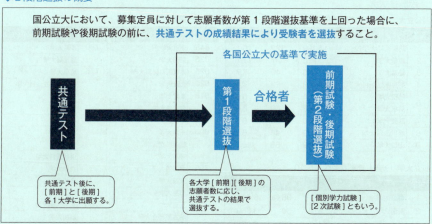

◆ 2段階選抜の具体例：2020年度 浜松医科大学の場合

2020年度入試　定員：前期75名

第1段階選抜基準：前期は「志願者が**定員の約4倍**を超えた場合に実施」とは？
→ 定員75名 × 約4倍 ＝ 約**300**名が、前期試験を受験できる。

結果は…

2020年度の志願者は**389**名で、**300**名を超えたので、
第1段階選抜を実施した。

389名 − 301名 ＝ **88**名は、前期試験を受験できなかった。

詳しくは「付録1　2021年度医学部入試が大きく変わる」(P.193～参照)

Q2 医学部の入試はどれくらい難しいの？

A 全国からトップクラスの受験生が集まる医学部入試は、偏差値だけでは合否が決まらない厳しい戦いです。他学部に比べて倍率も高く、定員減少も予定され、今後ますます狭き門になると考えられます。

最も多くの受験生が受験する記述模試のB判定偏差値を見ると、国公立大・私立大ともに低い大学でも70以上（上位2％以内）となっています。その上、倍率も他学部と比較すると高く、入試問題も大学ごとに出題傾向が異なるため、模試でA判定を取っても、受験大学への対策をしっかり行わないと合格できません。

◆ 2020年度 国公立大・私立大医学部医学科 志願者状況

国公立大学［前期］志願者合格倍率ベスト10

順位	大学名	志願者	総合格者	倍率
1	防衛医科大学校	※1 5,199	322	16.1
2	岐阜大学	410	37	11.1
3	愛媛大学	306	40	7.7
4	奈良県立医科大学	163	22	7.4
5	秋田大学	364	55	6.6
5	島根大学	453	69	6.6
7	高知大学※2	400	63	6.3
8	旭川医科大学	279	46	6.1
9	山口大学	309	56	5.5

私立大学［一般］志願者数ベスト10

順位	大学名	募集人員	志願者
1	帝京大学	98※3	8,441
2	東海大学	60	3,659
3	日本大学（A方式）	97	3,226
4	金沢医科大学（前期）	65	3,038
5	国際医療福祉大学	105	2,887
6	福岡大学	60	2,729
7	自治医科大学	123	2,728
8	東邦大学	110	2,696
9	昭和大学（Ⅰ期）	75	2,643
10	岩手医科大学	80	2,406

＊正規合格者のみの人数。合格倍率には追加合格者を含まず。
※1　受験者数のみの人数。
※2　一般枠と地域枠の合計。
※3　地域枠7名を含む。

◆ 国公立大 大学入学共通テスト目標点

[一般・前期]

目標点 (900点満点)	大学名	目標点 (900点満点)	大学名
845	東京大学	780	長崎大学
835	京都大学		鹿児島大学
825	東京医科歯科大学	775	岐阜大学
820	大阪大学		和歌山県立医科大学
815	東北大学		香川大学
	名古屋大学		愛媛大学
810	九州大学	770	秋田大学
800	千葉大学		山形大学
	横浜市立大学		信州大学
	神戸大学		浜松医科大学
795	北海道大学		鳥取大学
790	筑波大学		島根大学
	群馬大学		山口大学
	三重大学	765	札幌医科大学
	名古屋市立大学		富山大学
	金沢大学		福井大学
	京都府立医科大学		高知大学
	大阪市立大学		宮崎大学
	岡山大学		琉球大学
	広島大学	760	旭川医科大学
	熊本大学		大分大学
780	新潟大学	755	弘前大学
	滋賀医科大学		福島県立医科大学
	奈良県立医科大学		佐賀大学
	徳島大学		

予想難易度のランクは2020年7月時点のものです。
大学入学共通テスト目標点は「進研模試 大学入学共通テスト模試（6月実施）」をもとに、ベネッセが設定しています。
2021年度にセンター試験から共通テストへと変更になるため、目標点はあくまで「センター試験の結果から算出された目安」としてご活用ください。

◆ 国公立大 2 次傾斜 B 判定偏差値
[一般・前期・2次]

B判定偏差値	大学名
85	東京大学
84	京都大学
	大阪大学
83	東京医科歯科大学
82	名古屋大学
81	東北大学
	千葉大学
	九州大学
80	北海道大学
	筑波大学
	神戸大学
	京都府立医科大学
	広島大学
79	岐阜大学
	金沢大学
	愛媛大学
	長崎大学
	熊本大学
78	札幌医科大学
	群馬大学
	新潟大学
	山梨大学（後期）
	横浜市立大学
	名古屋市立大学
	富山大学
	滋賀医科大学

B判定偏差値	大学名
78	大阪市立大学
	岡山大学
	大分大学
	鹿児島大学
77	浜松医科大学
	三重大学
	奈良県立医科大学
	和歌山県立医科大学
76	信州大学
	山口大学
	徳島大学
	琉球大学
75	福井大学
74	鳥取大学
	香川大学
	防衛医科大学校
73	弘前大学
	高知大学
	佐賀大学
72	山形大学
	福島県立医科大学
71	秋田大学
	宮崎大学
70	島根大学
69	旭川医科大学

◆ 私立大総合 B 判定偏差値
[一般・前期]

B判定偏差値	大学名
85	慶應義塾大学
82	自治医科大学
81	東京慈恵会医科大学
79	順天堂大学（一般A）
	順天堂大学（一般B）
78	国際医療福祉大学
	昭和大学（Ⅰ期）
	日本医科大学
	大阪医科大学
77	東京医科大学
	東邦大学
	日本大学（A方式）
	日本大学（N方式）
	関西医科大学
	関西医科大学（併用）
	近畿大学
76	岩手医科大学
	東北医科薬科大学

B判定偏差値	大学名
76	杏林大学
	北里大学
	聖マリアンナ医科大学
	金沢医科大学
	愛知医科大学
	藤田医科大学
	兵庫医科大学(一般A・兵庫県推薦併)
	兵庫医科大学（一般B）
	久留米大学
75	獨協医科大学
	埼玉医科大学
	帝京大学
	東海大学
	東京女子医科大学
	産業医科大学
73	福岡大学
72	川崎医科大学

予想難易度のランクは 2020 年 7 月時点のものです。
B 判定偏差値は「進研模試 総合学力記述模試（7月実施）」をもとに、ベネッセが設定しています。
B 判定は合格可能性 60％以上 80％未満に相当します。
※ 「私立大総合 B 判定偏差値」は一般方式のものです。

◆ 2020 年度 私立大医学部 入学者の現浪比

大学名		現役	1浪	2浪	3浪その他
岩手医科大学	C	25.0%	32.0%	18.0%	25.0%
東北医科薬科大学		非公表			
自治医科大学	C	39.0%	50.4%	9.8%	0.8%
獨協医科大学	A	30.0%	70.0%		
埼玉医科大学	C	25.4%	35.4%	23.1%	16.2%
国際医療福祉大学	C	29.2%	41.7%	29.2%	
杏林大学		非公表			
慶應義塾大学	D	63.9%	32.5%	3.6%	
順天堂大学		非公表			
昭和大学	A	52.6%	47.4%		
帝京大学		非公表			
東京医科大学	A	40.0%	38.6%	12.8%	8.6%
東京慈恵会医科大学	C	50.9%	33.6%	9.1%	6.4%
東京女子医科大学	C	37.8%	34.2%	18.0%	9.9%
東邦大学	C	45.2%	30.4%	13.0%	11.3%
日本大学	C	23.3%	22.3%	22.5%	31.7%
日本医科大学	C	38.1%	36.5%	13.5%	11.9%
北里大学	C	56.8%	19.5%	12.7%	11.0%
聖マリアンナ医科大学		47.8%	52.2%		
東海大学	A	22.4%	29.4%	20.1%	28.0%
金沢医科大学	C	17.8%	31.8%	21.4%	29.0%
愛知医科大学	A	27.4%	37.6%	19.7%	15.4%
藤田医科大学	C	23.3%	30.8%	19.2%	26.7%
大阪医科大学	C	16.9%	38.4%	24.1%	20.5%
関西医科大学	C	14.8%	49.1%	18.3%	23.3%
近畿大学	C	22.6%	36.8%	10.4%	30.2%
兵庫医科大学	A	31.9%	68.1%		
川崎医科大学	C	23.8%	21.4%	26.2%	28.6%
久留米大学	B	8.3%	45.0%	19.2%	27.5%
産業医科大学	C	20.0%	43.8%	14.3%	21.9%
福岡大学		12.6%	37.8%	22.5%	27.0%

●表の見方
A：総合格者
B：正規合格者
C：入学者
D：入学許可者

※ 川崎医科大学は附属高校からの推薦入学を含む。
※ 久留米大学は一般前期入試のみ。
※ 福岡大学は一般入試のみ。
※ 国際医療福祉大学の現浪比は、留学生特別選抜入試を除く。

詳しくは「Step2　自分専用の合格計画を立てる」（P.35 ～参照）

Q3 医学部の入試問題は他学部と何が違うの？

A 医学部の出題傾向は大学によって千差万別。国公立大でも医学部独自の出題が多いのが特徴です。まずは受験のための基礎を固め、志望大学の出題傾向を検討して対策を練ることが必要です。

　医学部独自の出題をしている大学では、英語の長文読解に医療系の問題が出題されるなど、学科試験の内容にも医学部ならではの特徴がみられます。また、理系科目も、他学部への出題より難度を上げている大学が多くなっています。特に私立大の場合は大学によって出題傾向が大きく異なるため、過去問などを利用して早めに志望大学の出題傾向を知る必要があります。

◆ **大分大学医学部 長文読解におけるテーマ**

年度	大問	テーマ
'20	1	乳がんを患った姉妹　－カナダとアメリカの医療制度－
	2	診療の歴史　－皮膚の外側と内側－
	3	幹細胞への期待と現実
'19	1	病院での面会制限と病棟回診の見直し
	2	肢端紅痛症が発症する仕組みの解明
	3	ローズウェルパークの看護師たち

　医学部医学科受験者用に作成される独自問題のため、扱われているテーマが医療系に偏っています。実際の患者と医師・看護師が登場する、ドキュメンタリー文章が多いのが特徴です。医療用語の英単語の知識やバックボーンとなる医学知識の有無で、読解スピードに差が出る出題となっています。

◆ **京都府立医科大学 長文読解と英作文におけるテーマ（2020年度）**

問題の全体難易度　★★★☆　やや難

大問	分野	問題の概要 単語数	内容	出題形式	難易度
1	読解	社会系 約1,350語	「国際関係論の視点から問う環境倫理」に関する論説文。（内容説明（日本語と英語による記述））	選択・記述	★★★☆
2	読解	物語系 約950語	「町の土地利用に抗議する女性教師シャーロット」の物語。（選択問題、内容説明（英語による記述））	選択・記述	★★★☆
3	読解	社会系 約750語	「肥満の原因となるフルーツジュースの影響」を扱った説明文。（内容一致）	選択	★★☆☆
4	英作文	―	「日本における男女差別の例と講じられる措置」をまとめる自由英作文。（約200語）	記述	★★☆☆

　分量が非常に多く、受験生にはあまりなじみのない文章からも出題されます。日頃から1000字程度の長文読解をこなして長さに慣れ、過去問を通して時間配分を検討し、解答する大問の適切な順番を自分でつかみ取っていく必要があります。

◆ 2020年度 国公立大医学部入試問題分類

学校名	他学部と共通	医学科独自問題	他学部と一部共通	学校名	他学部と共通	医学科独自問題	他学部と一部共通
旭川医科大学	英 数 化 生物	英 数 化 生物	英 数 化 生物	鳥取大学	英 数 化 生物	英 数 化 生物	英 数 化 生物
北海道大学	英 数 化 生物	英 数 化 生物	英 数 化 生物	島根大学	英 数 化 生物	英 数 化 生物	英 数 化 生物
弘前大学	英 数 化 生物	英 数 化 生物	英 数 化 生物	岡山大学	英 数 化 生物	英 数 化 生物	英 数 化 生物
東北大学	英 数 化 生物	英 数 化 生物	英 数 化 生物	広島大学	英 数 化 生物	英 数 化 生物	英 数 化 生物
秋田大学	英 数 化 生物	英 数 化 生物	英 数 化 生物	山口大学	英 数 化 生物	英 数 化 生物	英 数 化 生物
山形大学	英 数 化 生物	英 数 化 生物	英 数 化 生物	徳島大学	英 数 化 生物	英 数 化 生物	英 数 化 生物
筑波大学	英 数 化 生物	英 数 化 生物	英 数 化 生物	香川大学	英 数 化 生物	英 数 化 生物	英 数 化 生物
群馬大学	英 数 化 生物	英 数 化 生物	英 数 化 生物	愛媛大学	英 数 化 生物	英 数 化 生物	英 数 化 生物
千葉大学	英 数 化 生物	英 数 化 生物	英 数 化 生物	高知大学	英 数 化 生物	英 数 化 生物	英 数 化 生物
東京大学	英 数 化 生物	英 数 化 生物	英 数 化 生物	九州大学	英 数 化 生物	英 数 化 生物	英 数 化 生物
東京医科歯科大学	英 数 化 生物	英 数 化 生物	英 数 化 生物	佐賀大学	英 数 化 生物	英 数 化 生物	英 数 化 生物
新潟大学	英 数 化 生物	英 数 化 生物	英 数 化 生物	長崎大学	英 数 化 生物	英 数 化 生物	英 数 化 生物
富山大学	英 数 化 生物	英 数 化 生物	英 数 化 生物	熊本大学	英 数 化 生物	英 数 化 生物	英 数 化 生物
金沢大学	英 数 化 生物	英 数 化 生物	英 数 化 生物	大分大学	英 数 化 生物	英 数 化 生物	英 数 化 生物
福井大学	英 数 化 生物	英 数 化 生物	英 数 化 生物	宮崎大学	英 数 化 生物	英 数 化 生物	英 数 化 生物
山梨大学（後期）	英 数 化 生物	英 数 化 生物	英 数 化 生物	鹿児島大学	英 数 化 生物	英 数 化 生物	英 数 化 生物
信州大学	英 数 化 生物	英 数 化 生物	英 数 化 生物	琉球大学	英 数 化 生物	英 数 化 生物	英 数 化 生物
岐阜大学	英 数 化 生物	英 数 化 生物	英 数 化 生物	札幌医科大学	英 数 化 生物	英 数 化 生物	英 数 化 生物
浜松医科大学	英 数 化 生物	英 数 化 生物	英 数 化 生物	福島県立医科大学	英 数 化 生物	英 数 化 生物	英 数 化 生物
名古屋大学	英 数 化 生物	英 数 化 生物	英 数 化 生物	横浜市立大学	英 数 化 生物	英 数 化 生物	英 数 化 生物
三重大学	英 数 化 生物	英 数 化 生物	英 数 化 生物	名古屋市立大学	英 数 化 生物	英 数 化 生物	英 数 化 生物
滋賀医科大学	英 数 化 生物	英 数 化 生物	英 数 化 生物	京都府立医科大学	英 数 化 生物	英 数 化 生物	英 数 化 生物
京都大学	英 数 化 生物	英 数 化 生物	英 数 化 生物	大阪市立大学	英 数 化 生物	英 数 化 生物	英 数 化 生物
大阪大学	英 数 化 生物	英 数 化 生物	英 数 化 生物	奈良県立医科大学	英 数 化 生物	英 数 化 生物	英 数 化 生物
神戸大学	英 数 化 生物	英 数 化 生物	英 数 化 生物	和歌山県立医科大学	英 数 化 生物	英 数 化 生物	英 数 化 生物

「医学科独自問題」「他学部と一部共通」の場合、出題に医学部ならではの特徴がよくみられます。

詳しくは「Step6　戦略的に受験大学の対策をする」（P.169 ～参照）

Q4 医学部入試で、面接・小論文対策は重要なの？

A 医学部の面接・小論文は、受験生の医療に携わる覚悟や適性を確認するための試験。「主体性」も評価するとしている新入試制度では、面接・小論文の重要性がより高まっています。

近年の医学部入試では、将来、医師や研究者となる受験生の人物評価をより重視する傾向にあります。面接試験も個人面接、集団面接、集団討論（グループディスカッション）、MMI（multiple mini interview）など、より多角的に受験者の適性を見分けることが多くなっています。

小論文対策では、「自分はどういう医師、どういう研究者になりたいか」を考え、決意を伝える「志望理由書」を書くことからスタートすると、取り組みやすいでしょう。

◆ 面接の種類

■ **個人面接**
受験生1人、面接官2～3人

■ **集団面接（グループ面接）**
受験生2人以上、面接官2人以上

■ **集団面接（グループディスカッション）**
受験生2人以上、面接官2人以上

■ **MMI (multiple mini interview)**
特定のテーマについての個人面接を複数回、面接官およびテーマを変えて実施する形式。

◆ 千葉大学医学部 一般入試 面接試験の受験レポート

◆ 形式：MMI方式
◆ 時間：約8分×3回
◆ 面接官：1人×3回

面接会場の配置
面接官＝1名
受験生＝1名

2018・19年度 主な質問内容

■ **2019年度**
□あなたが医者だとする。ステロイドを含む薬の使用を嫌がる患者さんが、ネットで見た治療法を望んできた場合、あなたならどうするか。
□あなたが医者だとする。高齢（70代）の患者さんにがんが見つかった。薬物治療をすれば少し寿命を延ばせる。しかし、家族は家に帰してかまわないと言ってきた。あなたならどうするか。
□あなたが医者だとする。自分の子が闘病で苦しんでいる姿を見て、母親が「私があの子を産んでしまったせいだ」と言って泣いている。あなたならどうするか。

■ **2018年度**
□患者さんが友人から聞いた薬の投与を望んできたとき、あなたならどうするか。
□手術前日に助手に入る予定の医師が「自分以外の家族は皆インフルエンザだから休ませてくれ」と言ってきた。あなたならどうするか。
□知人が検査にやってきて糖尿病とわかった。発展途上国への異動というまたとないチャンスを目前にした彼は「異常なし」という嘘の診断書を求めてきた。あなたならどうするか。

面接や小論文では、「医師として」の意見を求められることが多いので、「自分が医師になったらどうするか」、医療に携わる人間として意見を出せるように準備しておきます。

◆ 2021年度 国公立大 前期試験配点

大学名	英語	数学	理科	面接・適性	満点
秋田大学	100点	100点	—	200点	400点
東北大学	250点	250点	250点	200点	950点
筑波大学	300点	300点	300点	500点	1400点
信州大学	150点	150点	150点	150点	600点
熊本大学	200点	200点	200点	200点	800点

学科試験でのアドバンテージも面接の失敗でくつがえってしまうほど、面接や適性を重要視する大学が増えています。

◆京都大学 一般選抜 入学者選抜要項より抜粋

■「面接」について
医学科：面接試験では、'医学部医学科が望む学生像'（【学部・学科の入学者受入れの方針（アドミッション・ポリシー）】参照）に記載されている医師・医学研究者としての適性・人間性などについて評価を行い、学科試験の成績と総合して合否を判定します。
従って、学科試験の成績の如何にかかわらず不合格になることがあります。
調査書は、志願者個人を特定するような情報及び属性に関する情報（氏名・性別・住所等）を除き、面接の参考資料にします。

面接が配点化されていない、もしくは配点が低い大学では、面接次第で不合格になる可能性を明記する大学がほとんどです。

◆ 面接・小論文のポイント

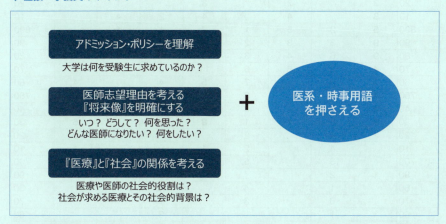

小論文では数学の知識や化学、生物、物理の知識がないと読み解けない、学科試験のような課題が与えられている大学もあり、さまざまな学力が試されています。

詳しくは「Step5　面接・小論文対策で医師になる自覚を育てる」（P.129 ～参照）

Q5 医学部の学校推薦型選抜は一般選抜よりも易しいの？

A 国公立大では、原則として総合型選抜、学校推薦型選抜の志願者にも共通テストが課せられ、必ずしも一般選抜より易しいとはいえません。ただし、私立大の場合は選び方次第で入りやすい場合もあります。

　総合型選抜や学校推薦型選抜などの入試は、国公立大でも共通テストと面接のみ、または面接と小論文の場合が多く、倍率も比較的低いため、一般選抜より入りやすいと思われがちです。しかし、共通テストでは一般選抜とほぼ同程度の得点率が求められ、個別試験の面接や小論文の内容も、一般選抜に比べてかなり難度が高くなるなど、決して易しいものではありません。

　また、私立大では大学によっては一般選抜と総合型選抜、学校推薦型選抜を比べると合格者の平均偏差値が10近く異なるところもあり、推薦によって入りやすくなることもあります。

◆ 2020年度 国公立大一般入試／推薦入試の比較（合格者・不合格者のセンター試験得点度数分布）

得点	金沢大学（一般）合格	不合格	金沢大学（推薦）合格	不合格	熊本大学（一般）合格	不合格	熊本大学（推薦）合格	不合格	得点
850以上	1								850以上
40						1	1		40
30	2				1		2		30
20	2		3		3		1		20
10	3		4		4	2	4		10
800	5	2	5	1	3	1	1		800
90	9	3	3	2	9	6	5	3	90
80	9	6	4	3	6	7	1	4	80
70	4	2	5	6	11	8	1	8	70
60	7	9		7	5	6		4	60
750	4	6		3	8	8	1	3	750
40	3	7		3	3	12		5	40
30	2	5	1	1	3	10		5	30
20	2	4		2		18		3	20
10		4		2	1	9		1	10
700		6		5		4			700
90	1	2				5			90
80		1		4		10			80
70		6		3		7			70
60		1				3			60
660未満		20		7		15		4	660未満
平均点	780	707	794	721	777	713	805	739	平均点

※ 2020年度のセンター試験自己採点集計を各大学の傾斜得点で合計し900点満点に換算。

国公立大では、学校推薦型選抜でも一般選抜と同程度の共通テスト得点率が求められます。

◆ 2020年度 公募制推薦・AO入試私立大学一覧（一部抜粋）

受験資格		大学	方式	募集人数	20合格平均SS	実質倍率 20年度	19年度	18年度
現浪別	評定平均							
現役	4.1以上	東京女子医科大学	一般推薦入学試験	約20	61.7	4.9	3.6	2.4
現役	4.0以上	東京医科大学	一般公募推薦入学	20以内	59.0	4.2	4.7	5.7
現役	4.0以上	聖マリアンナ医科大学	一般公募制推薦	約10	56.7	7.0	7.6	5.9
現役	4.0以上	兵庫医科大学	一般公募制推薦	約12	60.6	5.0	5.5	3.4
1浪まで	A	産業医科大学	推薦入試 3ブロック	20以内	63.6	4.5	4.4	4.0
1浪まで	4.0以上	岩手医科大学	一般推薦入学試験	15	59.3	4.8	5.0	6.2
1浪まで	4.0以上	埼玉医科大学	推薦一般公募	12	59.9	3.5	3.2	3.3
1浪まで	4.0以上	関西医科大学	学校推薦入学	10	63.9	5.3	6.4	4.4
1浪まで	3.7以上	愛知医科大学	推薦入学公募制	約20	63.8	2.8	7.0	3.0
			愛知県地域特別A	約5		4.4	5.3	6.2
1浪まで	3.7以上	福岡大学	A方式推薦入試	23	―	6.0	7.6	9.0
1浪まで	なし	近畿大学	一般公募制(併願可)	30 地域枠20含む	67.2	12.6	14.7	14.0
2浪まで	なし	藤田医科大学	AO入試	約15	―	―	5.0	8.0
25歳以下	なし	金沢医科大学	特別推薦AO	27	―	11.9	11.9	16.6

私立大の学校推薦型選抜では「現役・もしくは1浪生まで」という制限がつくことも多く、地域枠では出身校や居住地などに制限があるため、一般選抜に比べて難度が下がる傾向があります。

◆ 2020年度 私立大一般入試／推薦入試の比較（合格者・不合格者の記述模試総合偏差値の度数分布）

偏差値	東京医科大学(一般) 合格	不合格	東京医科大学(推薦) 合格	不合格	関西医科大学(一般) 合格	不合格	関西医科大学(推薦) 合格	不合格	偏差値
84以上		1			6	4			84以上
82	1	1			3	2			82
80	6				6	4	1		80
78	6	3			12	6			78
76	2	7			17	14			76
74	7	4		1	21	20		1	74
72	8	9	1	1	13	31			72
70	14	20	1	1	22	26			70
68	6	20	1	2	9	31			68
66	11	32	2	1	6	42	1	3	66
64	10	40	3	3	6	37	2	3	64
62	1	46		3	2	50	2		62
60		35	3	2	1	37	3	2	60
58		29	4	1		37	1	4	58
56	1	28	1	2		28		2	56
54		23	1	5		33	1	2	54
54未満		96	6	13		92		16	54未満
平均偏差値	71.5	59.9	59.0	57.3	71.7	62.1	63.9	55.5	平均偏差値

※2020年度入試結果から、各募集単位の合格者・不合格者のベネッセ記述模試総合偏差値の度数分布を掲載。

私立の一般選抜では、偏差値が80以上であっても不合格になる場合があるのに比べ、学校推薦型選抜では合格者の平均偏差値が5～10以上低くなることもあり、比較的入りやすくなります。

詳しくは「付録1　2021年度医学部入試が大きく変わる」（P.193～参照）

11

Q6 医学部の学費はどれくらいかかるの？

A 私立大医学部の学費は、6年間でおよそ2,000～4,000万円。しかし近年、医学部の学費は下降傾向にあり、さまざまな制度と併せることで、以前より経済的なハードルは低くなってきています。

国公立大の約350万円（全学部一律）に比べて高額な私立大の学費ですが、2008年に順天堂大学が約900万円の値下げをして以降、学費を値下げする大学が相次いでいます。また、医師不足の対策として打ち出された「地域枠」の増加や、大学や自治体などによる奨学金・修学資金、あるいは医学部限定の高額教育ローンなどのさまざまな制度のサポートもあり、一般家庭からの進学者が増加しています。

◆ 2021年度 私立大学医学部学納金ランキング

初年度

順位	大学名	学納金（カッコ内は入学金）
1	順天堂大学	2,900,000 (2,000,000)
2	東京慈恵会医科大学	3,500,000 (1,000,000)
3	慶應義塾大学 ※1	3,843,350 (200,000)
4	国際医療福祉大学	4,500,000 (1,500,000)
	日本医科大学	4,500,000 (1,000,000)
6	東邦大学 ※3	4,800,000 (1,500,000)
7	自治医科大学	5,000,000 (1,000,000)
8	昭和大学	5,422,000 (1,500,000)
9	関西医科大学	5,860,000 (1,000,000)
10	産業医科大学	6,122,800 (1,000,000)
11	日本大学	6,420,000 (1,000,000)
12	東海大学 ※1	6,473,200 (1,000,000)
13	東北医科薬科大学 ※4	6,500,000 (1,000,000)
14	藤田医科大学	6,596,000 (1,500,000)
15	大阪医科大学	6,600,000 (1,000,000)
16	近畿大学 ※5	6,804,500 (1,000,000)
17	聖マリアンナ医科大学 ※6	7,217,000 (1,500,000)
18	東京医科大学	7,578,800 (1,000,000)
19	愛知医科大学	8,350,000 (1,500,000)
20	福岡大学	8,626,710 (1,000,000)
21	埼玉医科大学 ※7	8,820,000 (2,000,000)
22	岩手医科大学	9,000,000 (2,000,000)
23	兵庫医科大学	9,025,000 (2,000,000)
24	久留米大学 ※1	9,313,000 (1,000,000)
25	帝京大学	9,370,140 (1,050,000)
26	北里大学	9,438,000 (1,500,000)
27	杏林大学	10,090,700 (1,500,000)
28	獨協医科大学	10,300,000 (1,000,000)
29	東京女子医科大学	11,449,000 (2,000,000)
30	金沢医科大学	11,943,000 (2,000,000)
31	川崎医科大学	12,215,000 (2,000,000)

6年間総額

順位	大学名	学納金
1	国際医療福祉大学	18,500,000
2	順天堂大学	20,800,000
3	日本医科大学	22,000,000
4	慶應義塾大学 ※1	22,059,600
5	東京慈恵会医科大学 ※2	22,500,000
6	自治医科大学	23,000,000
7	東邦大学 ※3	25,800,000
8	昭和大学	27,922,000
9	関西医科大学	28,140,000
10	東京医科大学	29,833,800
11	藤田医科大学	30,526,000
12	産業医科大学	30,697,800
13	大阪医科大学	32,075,000
14	日本大学	33,380,000
15	東北医科薬科大学 ※4	34,000,000
	岩手医科大学	34,000,000
17	愛知医科大学	34,350,000
18	聖マリアンナ医科大学 ※6	34,400,000
19	東海大学 ※1	35,306,200
20	近畿大学 ※5	35,827,000
21	久留米大学 ※1	36,378,000
22	獨協医科大学	37,300,000
23	杏林大学	37,590,700
24	兵庫医科大学	37,600,000
25	福岡大学	37,738,260
26	帝京大学	39,380,140
27	北里大学	39,528,000
28	埼玉医科大学 ※7	39,570,000
29	金沢医科大学	40,543,000
30	東京女子医科大学	46,214,000
31	川崎医科大学	47,365,000

※1 2020年度。　※2 学生会経費、保護者会経費等は除く。　※3 委託徴収金は除く。
※4 入学時の教科書代は除く。学生教育研究災害傷害・医学生教育研究賠償責任保険料は除く。諸会費等は除く。
※5 校友会終身会費は除く。　※6 学生自治会費、保護者会会費、聖医会会費は除く。　※7 毛呂山会支部会費（別個設定）は除く。

◆ 2021 年度 奨学金・修学金貸与制度（抜粋）

大学名	名称	分類	金額	募集人員	応募資格の制限※1	返還免除の有無※2
岩手医科大学	医療局医師奨学金貸付制度（一般募集枠）	貸与	6年総額2,160万円（月額30万円）	8名	有	有
	市町村医師養成修学資金貸付制度	貸与	月額20万円＋入学一時金760万円	15名	有	有
東北医科薬科大学	東北地域医療支援修学資金A方式（宮城県）	貸与	6年総額3,000万円（毎年500万円）	30名	無	有
	東北地域医療支援修学資金A方式（宮城県を除く東北5県）	貸与		5名（各県1名）	無	有
	東北地域医療支援修学資金B方式（宮城県以外の東北5県）	貸与	6年総額1,500万円（毎年250万円）＋各県の修学資金（約1,100万円〜）	20名	一部制限有り	有
埼玉医科大学	医学部特別奨学金	貸与	6年総額1,850万円	5名以内	無	有
	埼玉県地域枠医学生奨学金	貸与	月額20万円（6年総額1,440万円）	19名（予定）	無	有
国際医療福祉大学	特待奨学生制度	給付	6年総額1,400万円（1年次250万円、2年次以降230万円）	一般45名・共通テ5名	無	―
獨協医科大学	栃木県医師修学資金制度	貸与	6年総額2,200万円（毎年350万円、入学金100万円）	5名程度	有	有
杏林大学(2020年度)	東京都地域医療医師奨学金（特別貸与奨学金）	貸与	6年総額4,420万円（修学費:6年総額3,700万円、生活費:6年総額720万円）	10名（予定）	有	有
順天堂大学	学費減免制度（A特待生）	減免	6年間で最大1,880万円を減免	若干名	無	―
	埼玉県医師育成奨学金制度	貸与	月額20万円（6年総額1,440万円）	7名	無	有
	千葉県医師修学資金貸付制度	貸与	月額20万円（6年総額1,440万円）	5名	無	有
	静岡県医学修学研修資金制度	貸与	月額20万円（6年総額1,440万円）	5名	無	有
	東京都地域医療医師奨学金（特別貸与奨学金）（2020年度）	貸与	6年総額2,800万円（修学費:6年総額2,080万円、生活費:6年総額720万円）	10名	有	有
	新潟県医師養成修学資金貸与制度	貸与	月額30万円（6年総額2,160万円）	2名	無	有
帝京大学	帝京大学地域医療医師確保奨学金	貸与	初年度:年額546万円、2年次以降:年額210万円	4名程度	無	有
	福島県地域医療医師確保修学資金	貸与	月額23.5万円（予定）＋入学一時金（100万円上限）	2名	無	有
	千葉県医師修学資金貸付制度	貸与	月額20万円	5名	無	有
	茨城県医師修学資金貸与制度	貸与	月額25万円	1名	無	有
	静岡県医学修学研修資金	貸与	月額20万円	2名	無	有
東京慈恵会医科大(2020年度)	東京都地域医療医師奨学金（特別貸与奨学金）	貸与	6年総額2,970万円（修学費:6年総額2,250万円、生活費:6年総額720万円）	5名（予定）	有	有
東邦大学(2020年度)	千葉県医師修学資金貸付制度	貸与	月額20万円	5名	無	有
日本医科大学	福島県へき地医療医師確保修学資金	貸与	月額23.5万円＋入学一時金100万円（6年間総額1,792万円）	1名	無	有
	千葉県医師修学資金貸付制度	貸与	月額20万円	7名	無	有
	静岡県医学修学研修資金	貸与	月額20万円（6年総額1,440万円）	4名	無	有
北里大学	医学部特待生制度（入学時特待生）	減免	第1種:6年間の学費全額を免除（3,890万円）第2種:入学金、授業料一部免除（6年総額1,945万円）	若干名	無	―
	相模原市地域医療医師修学資金貸付制度	貸与	6年総額3,890万円	2名	無	有
東海大学	医学部医学科特別貸与奨学金	貸与	年額200万円（6年総額1,200万円）	7名	無	有
金沢医科大学	金沢医科大学医学部特別奨学金貸与制度	貸与	年額330万円（6年総額1,980万円）	約3名	無	有
愛知医科大学	愛知医科大学奨学金貸与制度	貸与	年額300万円（貸与決定の年度から卒業年度まで）	3名（2019年度）	無	有
	愛知県地域特別枠修学資金制度	貸与	6年総額2,010万円（[愛知県]初年度:月額17.5万円、2学年以降:月額15万円、[本学]初年度:年額450万円、2学年以降:年額7.5万円）	10名	有	有
大阪医科大学	大阪府地域医療確保修学資金貸与制度	貸与	6年総額1,920万円（[大阪府]月額10万円、[本学]年額200万円）	2名	有	有
近畿大学	静岡県医学修学研修資金	貸与	月額20万円（6年総額1,440万円）	5名（予定）	無	有
	奈良県緊急医師確保修学資金貸与制度	貸与	月額20万円（6年総額1,440万円）、入学金100万円	2名	無	有
	和歌山県地域医師確保修学資金	貸与	月額20万円（6年総額1,440万円）	2名	無	有
兵庫医科大学	兵庫医科大学兵庫県推薦入学制度	貸与	6年総額4,480万円（[納付金]初年度:年額850万円、2年次以降:年額570万円、[生活費]年額130万円）	5名（予定）（2020年度）	無	有
川崎医科大学(2020年度)	静岡県医学修学研修資金貸与制度	貸与	月額20万円（6年総額1,440万円）	10名	無	有
産業医科大学	産業医科大学修学資金貸与制度	貸与	6年総額約1,919万円（入学金:71.8万円、授業料:年額257.9万円、実習費:年額50万円）	全員	無	有

※1 出身高校や居住地など。
※2 卒業後に一定期間を大学が定めた地域の病院や診療所、地方自治体に勤務することにより、貸与された奨学金等の返還が免除される場合は「有」としています。

大学独自の奨学金や自治体の奨学金・修学金で、貸与等の金額が大きなものを抜粋。このほかにも卒業後一定期間、指定された地域の医療機関に勤務することで貸与金の返済が免除される「地域枠」も。

Q7 医学部に合格するために大切なことは？

A 最も大切なことは「医学部に絶対行く」という覚悟を決めることです。その上で合格のポイントになるのは「学力を伸ばす」「過去問を活用して志望大学の対策をする」「戦略的な受験大学選びをする」ことです。

　医学部に合格するには、模試で高い偏差値が取れるくらいの学力が必要になります。高い学力を身に付けるためには、学習の量よりも学習の質が大切です。学力を伸ばすための学習方法については、本文の Step 2・3・4 で紹介します。

　しかし、模試の偏差値が高くても合格できるとは限りません。模試の出題内容や形式と、実際に受験する大学の出題が大きく異なることが多いからです。ですから、過去問をうまく活用して、志望大学の出題傾向に合わせた対策が欠かせません。過去問を活用した対策の方法や面接・小論文対策については、本文の Step 5・6 で紹介します。また、受験生の学力の状況・特性と、大学の出題傾向との相性（マッチング）も考慮して受験する大学を選ぶのも1つの戦略です。これらについては、本文の Step 1 を参照してください。

　いずれにしろ、さまざまな情報の中から自分に必要な情報を選んで活用することが、合格への最短ルートとなるのです。

　また、2021年度以降は入試制度が大きく変わるため、志望大学の情報は必ずウェブサイトで確認し、正確な情報を手に入れておくことも大切です。

◆ 新しい入試制度で求められる学力とは

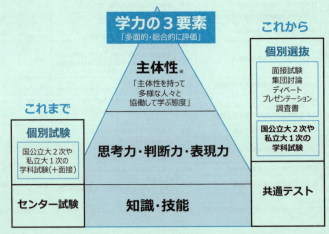

今後の入試で問われる思考力・判断力・表現力を培うためにも、「学習の質＝正しい学習法」を身につけることが大切です。

◆ 難関医学部に合格するためのポイント

確かな学力	効率良く確実に学力を伸ばす
×	
過去問対策	入試で確実に**合格点**を取る準備 面接・小論文試験への対策
×	
受験戦略	**正確な入試情報**を活用する 合格可能性を高める受験大学選び

志望大学の出題傾向から求められる学力を意識して効率良く学力を伸ばし、学科試験・面接・小論文の過去問を使って合格点を目指します。正確な入試情報も活用して、さらに合格の可能性を高めましょう。

◆ 出題傾向に合わせて効率良く学力を伸ばす

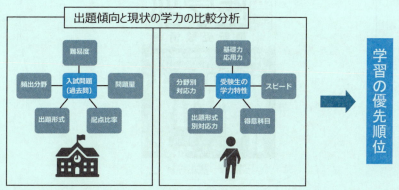

志望大学の科目ごとの「配点比率」「難易度」「問題量」「出題形式」「頻出分野」を分析し、自分自身の現在の学力状況と比較することで課題点を捉え、学習の優先順位を考え効率良く学習します。

◆ 受験大学の戦略的選定（マッチング）

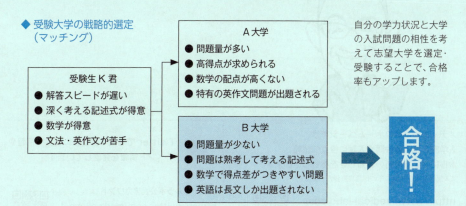

自分の学力状況と大学の入試問題の相性を考えて志望大学を選定・受験することで、合格率もアップします。

詳しくは本文を読んで「医学部合格」をかなえよう！

医学部受験に関する
最新データは
こちら↓‼

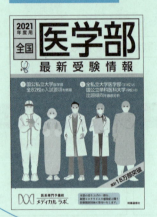

メディカルラボのホームページでは、
医学部入試の過去問や入試に役立つ情報、
本書に関する最新のお知らせを掲載しています。
※入試過去問を閲覧するには会員登録が必要です。

http://www.medical-labo.com
アクセスはこちらから▶

 Twitterでも医学部受験に役立つ情報や
イベント情報を発信しています。

メディカルラボ公式アカウント
https://twitter.com/medicallabo_1
アクセスはこちらから▶

2022年度用

メディカルラボ
の合格メソッド

〜志望校決定から学習計画の立て方まで〜

「医学部受験」を決めたらまず読む本

はじめに

　医学部合格に至る「効率の良い道筋」があります。

　それが実践できれば、確実に医学部合格に近づきます。

　私は大学受験予備校で医学部受験生を30年近く指導してきました。この14年間は、医学部受験生をマンツーマン授業で指導する医系専門予備校メディカルラボで教務統括を務めています。ここでは私たちのメソッドにより、2020年度入試までの14年間で延べ5,655人の生徒を医学部に合格させてきました。そして、2020年度入試では医学部に延べ1,037人と、全国の医系専門予備校で最も多くの医学部合格者を輩出しました。

　私たちは、これらの合格した生徒をマンツーマンで指導することで、従来の集団授業では把握しきれなかった、生徒一人ひとりが医学部に合格するまでの事細かな様子まで目の前で見ることができました。

　医学部に合格した生徒が実践していた「科目ごとの学習法」や「受験大学の対策法」などについて、ただ一人の例だけでなく、数多くの事例を検証し、これらを、これから医学部入試にチャレンジする生徒の学習指導に生かすことで、この14年間、毎年、医学部の合格者数を伸ばすことができたのです。

　本書では、5,655人もの医学部合格者の合格までの軌跡をもとに導き出した、「医学部合格のために実行しなくてはならないこ

と」を7つのステップに分けて解説しています。医学部に合格した先輩たちが通った道筋を見失うことなく、努力して進んでいけば、確実に医学部合格に近づけるはずです。

　また、ご存知のように2021年度入試から「大学入試センター試験（以下、センター試験）」が廃止され、「大学入学共通テスト（以下、共通テスト）」が導入されるなど、入試制度が大きく変わります。これから医学部入試を目指す受験生の中にも不安を感じている人がいるでしょう。しかしながら、この本を手にした皆さんにとっては、入試制度の変更はチャンスにもなり得ます。新たに導入される共通テストは正しい道筋で努力した人と、そうでない人で差がつきやすい出題になるからです。

　今までのセンター試験で問われていた「知識」「技能」については、学習量やテクニックである程度対応できていたのですが、共通テストで問われる「思考力」「判断力」を身につけるためには、『学習の質』が重要になってきます。この『学習の質＝正しい学習法』を、合格した先輩たちは実行してきており、この本ではそれを皆さんにお伝えします。この本に書かれている内容は、共通テストの対策にも直結しているのです。

　私たちには、5,655人もの医学部合格者を目の前で見てきて確信したことがもう1つあります。医学部に合格するために「頭の良さ」や「勉強に対するセンスの良さ」は必要条件ではないということです。それよりも「医師を目指し、絶対に諦めない」という受験生自身の覚悟・決意のようなもののほうが大切だというこ

はじめに

とです。それさえあれば、正しい道筋に沿って努力することで、誰にでも医学部合格の可能性があるということを確信しています。

　もしあなたが「医学部に行く！」と決めたのなら、やみくもに勉強する前にまずこの本を読んでみてください。医学部合格までの正しい道筋がわかれば、効率良く合格に近づけるはずです。

「医学部に行く！」

　あなたの決断は間違っていません。最後まで自分を信じて頑張ってください。
「自分を信じて良かった」と心から思う日が、必ず訪れますから。

2020年11月

メディカルラボ 本部教務統括　可児良友

医学部合格までのステップはこの7つ!

Step 1
未来への目標を設定する

Step 2
自分専用の合格計画を立てる

Step 3
合格に最も大切な基礎固めをする

Step 4
合格を決める思考力・応用力をつける

Step 5
面接・小論文対策で医師になる自覚を育てる

Step 6
戦略的に受験大学の対策をする

Step 7
入試本番で実力を発揮する

付録1 2021年度医学部入試が大きく変わる
付録2 医学部受験生の保護者の役割とは?

もくじ

はじめに —————————————————————— 001

Step 1 未来への目標を設定する —————— 007

① 自分が医師となった将来像を描こう ————————— 008
② 本当に目指したい志望大学を決めよう ———————— 020
③ 合格に近づくための「戦略的な受験大学選び」とは? —— 023

Step 2 自分専用の合格計画を立てる —————— 035

① 医学部入試の現状を知る ————————————— 036
② 自分の学力をきちんと分析しよう ————————— 046
③ 医学部受験は「過去問」に始まり「過去問」に終わる —— 055
④ 自分の学力と志望大学に合わせた学習計画を立てよう — 063

Step 3 合格に最も大切な基礎固めをする —————— 073

① 基礎を固める勉強法を考え実践する ———————— 074
② 教科別 基礎を固める勉強方法 ————————————— 080

Step 4 合格を決める思考力・応用力をつける —— 097

① 応用問題が合否を分ける ————————————— 098
② 教科別 応用力を身につける勉強方法 ———————— 107

Step 5　面接・小論文対策で医師になる自覚を育てる ……… 129

① 医学部の面接試験 高まる重要性と対策法 ──────── 130
② 医学部の小論文試験 医師としての適性も問われる ──────── 149

Step 6　戦略的に受験大学の対策をする ………… 169

① 入試（テスト）に強くなるための対策をとろう ──────── 170
② 受験大学の対策に過去問をうまく活用しよう ──────── 173
③ ケアレスミスをなくすための対策をしよう ──────── 184

Step 7　入試本番で実力を発揮する ……………… 187

① 本番の試験をシミュレーションしよう ──────── 188

付録1　2021年度医学部入試が大きく変わる ──────── 193
付録2　医学部受験生の保護者の役割とは? ──────── 203

※本書では、「医学部医学科」を「医学部」と表記しています。

装幀
本文デザイン　エムアンドケイ
編集協力　石森康子、株式会社 童夢

Step 1

未来への目標を設定する

① 自分が医師となった将来像を描こう

医師としての自分の使命を考える

「医師になることがあなたにとって本当にやりたいことですか？」
「あなたの夢はどんな研究をすることですか？」

　医学部の受験は、他学部の受験とは大きな違いがあります。医学部入試は他学部に比べ難度が高いことはもちろんですが、同時に医師・研究者になるための就職試験といっても過言ではないということです。

　医学部に合格したということは、将来、医師または研究者になることがほぼ決まったといえます。法学部に合格しても将来、法律関係の仕事に就けるかどうかはわかりませんが、医学部に合格したら、将来、ほぼ確実に医療現場に立つことになるのです。ですから、医学部を目指すためには、受験生本人が医師になる覚悟を決める必要があります。医学部を受験するとなると、保護者からの期待も大きいと思いますが、周囲の期待がどうであれ、実際に受験するのは本人ですから、本人が、心から医師になりたいという気持ちを強く持つことがとても大事です。中学生ぐらいで医師になりたいと考える学生も多いのですが、その段階ではまだ曖昧で、「学校の成績も良い。親も医師になることを望んでいるから医師を目指そう」、あるいは「身内に医療関係者がいるから医師になろう」というように、漠然と考えているケースも多いようです。

　このような曖昧な考えでは、厳しい医学部入試を乗り切れませ

ん。まずは、**自分の将来像を具体的に考えてみてください**。特に、まだモチベーションの低い段階では、このイメージが重要になってきます。まずは自分の将来像や医師としての未来像を、しっかりと思い描きましょう。

「医師になったあなたは、どんな活躍をしますか？」
「あなたの研究は世界にどのように役立ちますか？」

医師になるということは、人の命にかかわる大きな使命を与えられることになります。

「あなたの医師としての使命は何ですか？」

志望理由を書いてみよう

実際の医学部入試では、出願の際に志望理由書を提出させる大学も多く、面接試験でも志望理由を聞く大学がほとんどです。そのため、将来像や未来像を考えてみることは、志望理由書の作成や面接試験で志望理由を答える準備にもなります。したがって、早い段階から志望理由を整理しておくことは重要ですし、決して無駄にはなりません。

志望理由書は、「過去の自分」「現在の自分」「未来の自分」という３つの時間軸でイメージデザインすることから始まります。

志望理由のイメージデザイン

① 過去の自分	・医師になりたいと思ったきっかけは？ ・医師になりたいという思いを強くさせたできごとは？
② 現在の自分	・自分が医師に向いていると思う適性は？ ・医師になるために身につけるべき資質は？
③ 未来の自分	・将来、どんな医師になりたい？ ・将来、どんな研究をしたい？ ・将来、どんな人生を送りたい？

そのイメージをもとにして、まず志望理由書を1,200～1,600字程度で書いてみましょう。

　実際には1,200字以上の志望理由書が必要となる大学はむしろ少ないでしょう。しかし、厳しい医学部入試を乗り越えるためには、できるだけ具体的に、なおかつ詳細に自分の考えを整理し、医師の志望理由や理想の医師像を自分の中で明確にする必要があります。そのためには最低でも1,200字程度で志望理由を書いてほしいのです。頭の中で漠然と、「将来は医者になる」と考えているのに比べ、実際に文章として志望理由をまとめる作業は、自分の中にある漠然としていた「医師になるイメージ」を整理し、また自分を客観的に見る訓練となります。自分の考えを整理し、それを文章にし、書いたものを読み直して納得がいかないところは書き直し、書いているうちにまたイメージが膨らみ、ということを繰り返しているなかで、「自分は本当に医師になるんだ」という自覚が固まってきます。この「自覚」が固まるということが学習面にも良い影響を与えます。自分から主体的・能動的に医師を目指す「自覚」があれば、受験勉強に対する姿勢も変わり、学習の質が向上するはずです。目的のない勉強でなく、明確な目的・目標を持った勉強に変わってきます。ですから、受験勉強が本格化する前に、志望理由書を書くことは最短で医学部に合格するために重要なことなのです。

　では、具体的にはどのように志望理由書を書けば良いのでしょうか。自分が医師を目指すにあたっての「過去」・「現在」・「未来」を次の①から⑤の流れで構成して書いていきます。

① 将来、どのような医師になりたいか

　まずは「未来の自分」です。将来像や未来像を描くためのポイ

未来への目標を設定する

✎ 志望理由書の構成

① 将来、どのような医師になりたいか ・・・・・ 　未　来　の自分

② 医師を目指すようになった動機・きっかけ ・・ 　過　去　の自分

③ 医療と社会の関係（現在・未来）・・・・・・ 　現　在・未　来　の社会

④ 医師としての適性 ・・・・・・・・・・・ 　現　在・過　去　の自分

⑤ 大学卒業後の希望 ・・・・・・・・・・・ 　未　来　の自分

※「なぜその大学なのか」も受験大学ごとに準備する。

STEP
1

ントは「どういう医師、どういう研究者になりたいか」ということです。志望理由書の中で最も大切なのがこれになります。未来についてはできるだけ具体的に考えてください。「自分が考える理想の医師像とは」、「自分がなりたい素敵な医師とはどんな人か」などと自問し、自分の将来像を映像化できるくらい、かなり詳細にそのイメージを考えましょう。よく志望理由書に「患者に信頼される医師になりたい」、「地域医療に貢献する医師になりたい」、「患者の気持ちへの想像力・共感力を持った医師になりたい」などと書かれていますが、そこからさらに掘り下げて自問してください。例えば、「地域医療に貢献する医師になりたい」と考えた場合、

「地域医療とはどういう医療なのか」
「どういう地域で医療に携わるのか」
「地域医療にどう携わるのか」
「地域医療に携わる医師に求められる資質とは」
「地域医療が抱えている問題点とは」

011

「何科の医師になれば最も地域医療に貢献できるのか」
「地域医療にどんな患者さんがいるのか」
「地域から信頼される医師ってどんな医師なのか」

　というように、「地域医療に貢献する医師」をもとに10個程度は具体化する質問を考え、その答えをイメージしてみましょう。

　それでも、なかなかイメージできない場合は、身近なところから考えていきます。例えば、テレビドラマや漫画にも医師が出てくる話はいくつかありますから、それを題材にして「どんな医師が理想に近いか」、「好きなドラマでは医師がどのように医療に取り組んでいたか」などを切り口に考察していくと、なりたい医師像を大まかにイメージしやすいでしょう。

　もう少し具体的に考えていくと、病院で働く医師の仕事には、診療以外にも患者さんと接する機会があるでしょうし、医療スタッフへの対応など、さまざまな役割があります。

　さらに深く考えてみると、単純に患者さんの病気を治すだけではなく、精神面でのサポートや、家族の不安を和らげることも必要になってくるなど、いろいろな役割が出てきます。こう考えていくと、医師の仕事は非常に広範囲に及ぶものであるということを自覚するようになります。

　あるいは、自分史を考えてみるのも良いでしょう。「10年後の自分、20年後の自分、30年後の自分、40年後の自分……」と、これから自分がつくり出していく未来を考えるとさらに具体的になります。「50代になったらこういうことができる医師になっていたい」ということを思い描き、「医師になった自分は、世の中にどのように貢献しているのか」といったことを考えてみます。「少なくともこういうことができるようになっていたい」、あるいは、「医師になったら自分が社会に役に立ち、貢献できる」と思うことは、高いモチベーションにつながるはずです。

② 医師を目指すようになった動機・きっかけ

　「過去の自分」については、「どのようなきっかけがあって医師になろうと思ったのか」、「医師になろうという思いが強くなるような出来事は何だったのか」など、医師になろうと考えた理由や動機になる印象深い出来事について考えます。

　例えば、自分や家族が、医師に感謝するような出来事がありませんでしたか？　それ以外でも「医師を目指そう」と考えるきっかけとなった印象深い出来事はありませんでしたか？　これは重要なモチベーションになるので、自分が医師になろうと考えるきっかけとなった具体的な状況、そのときどのように考えたのかということを明確に認識する必要があります。

　ある国立大の医学部に入った生徒の例を紹介します。彼はお父さんが開業医でしたので、小さい頃から医師になることをなんとなく考えていたそうです。しかし、進んだ高校が進学校ではなかったので、いったんは医学部進学を諦め、工学部の建築学科を目指していました。ところが、お父さんから「できれば医学部に行ってほしい」と言われるようになりました。あるとき、患者さんの家族からもらった手紙を読ませてもらい、そこにこうあったそうです。

　「妻は末期がんで先生にお世話になりましたが、先生が妻の気持ちに寄り添ってくださり、私たち家族にも心を配って支えていただいたおかげで、辛いながらも幸せな最期を過ごすことができました」

　そして、医師という職業について初めて真剣に父子で話をして、医師の仕事はただ病気を診るだけでなく、心を診ることも大切な役割だと感じ、自分も患者さんの心に寄り添うことのできる父のような医師になりたい、そのためには医学部に進まなければとい

う気持ちを強くしたそうです。実は医学部を受験することを高校の先生に伝えた際に、「君の学力では合格できるわけがない。2浪しても無理だ」と言われていたのですが、どうしても医師になりたいという熱意が受験勉強を後押しし、成績もアップして、彼の高校から初めての国立大医学部合格者になったのです。

　こうした**「医師になろうとしたきっかけ」**や**「その気持ちがさらに強くなった理由」**は、志望理由を書くうえで欠かせない要素であり、医師になりたいという動機を強くアピールする意味でも大切になります。

③ 医療と社会の関係（現在・未来）

　「医療と社会の関係」も志望理由書の中では重要な位置を占めます。特に、大学に志望理由書を提出する場合は「医師として社会に貢献する」ということを具体的に、必ず書いてください。

　医師を目指している受験生が、自分のことだけを考えていてはいけません。現在や未来の社会に対する広い視野を持ち、自分のためだけでなく社会に貢献したいという使命感を持っていてほしいと思います。それは面接試験でも強いアピールになりますし、自分が将来、世の中の役に立てるということは自分にとっても強いモチベーションになります。ですから、現在や未来の社会の中で、「医師や医療の役割が高まっている」という社会的背景や医師の社会的役割についての考えを深めておくことも大切です。社会的背景の例としては、「現代社会が超高齢社会になっていること」や「医師の地域偏在や診療科偏在による地域医療の空洞化」、「iPS細胞やES細胞により新たな再生医療の実現が期待されていること」、「AIやICT、ロボット技術などの医療への活用が進んでいること」などが挙げられます。例えば超高齢社会が進むと、生

活習慣病、慢性病、慢性期疾患を抱えた高齢者の数がますます増えていくことになります。こういった超高齢社会の問題を解決するため、厚生労働省が地域包括ケアシステムの構築に取り組んでいることなども、医療と社会のかかわりを考える1つのきっかけになります。現代社会の背景として、私たちの社会が超高齢社会になっているという認識もとても重要なのです。「患者さんの病気を治すのが医師の仕事」と考えている受験生もいますが、超高齢社会では治らない病気を抱えた多くの高齢者と患者―医師関係が続くことになります。

　また、地域医療にかかわろうと考えた場合、医師偏在に伴う地域医療の空洞化についても考えを広げておいてほしいと思います。日本の医療を支える医師になろうとしているのであれば、その中で自分はどのように社会に貢献したいのかを考えておくことは、最低限必要なこととともいえます。

　これらはあくまでも1つの例です。日頃から医療に関するニュースには興味・関心を持ってアンテナを張っていてほしいですし、それらの問題について、自分は将来どう貢献できるのかも考え、それを明文化することが大切です。

④ 医師としての適性

　次に、「現在の自分」について考えます。将来、理想の医師になるために、すでに自分に備わっていると思える資質（コミュニケーション能力、リーダーシップ、倫理観、生命を大切にする思いなど）があれば、いくつか挙げてみましょう。そのうえで、次は「過去の自分」を考えます。これらの資質を自分が備えているといえるような経験をしているのであれば、それを具体的になおかつ積極的にアピールしてください。例えば、学校でリーダーシ

ップを発揮した経験や、ボランティアとして社会のために奉仕した経験、部活動でいろいろな人の考えを尊重しながらチームの意見をまとめた経験、生命の大切さを実感することになった経験、人の役に立つことに大きな喜びを感じた経験など、医師として必要な考え方や人間性の素地として自分が経験的に身につけていることを具体的に書き出して整理してみましょう。そういったことが、すでにたくさん備わっているのであれば、あなたは医師になるべき人だといえます。あなたが医師になることが必然だと考えれば、自信を持って受験勉強に臨めるし、面接試験でもうまくアピールできるはずです。

⑤ 大学卒業後の希望

　最後に、大学卒業後の進路を考えてみます。大学を卒業してもすぐにあなたの理想とする医師になれるわけではありません。医師としての経験が少ないままでは、まだ理想の医師には程遠い状態でしょう。あなたが考える理想の医師になるために、卒業後にどこで、どんな働き方をしたいのか、その経験で何を身につけるのかも考えてみてください。医師としての知識も技能も考え方も、すべては経験によって磨かれていくはずです。それに加えて、医学は常に進歩し、新しい診断法・治療法が次々に出てきている現代では、理想の医師として働き続けるためには卒業後も学び続ける必要があります。

　このように、卒業後にさらに理想の医師になるためには、どのような努力をしていくのかを最後にまとめてみましょう。

　藤田医科大学のホームページに記載されている、「総合型選抜」に出願する際に提出する書類の記入例を17ページに載せました。大学卒業後15年後の目標から逆算して、大学入学後の大学生活

未来への目標を設定する

あなたの未来目標と

それを実現するためのビジョンを記入してください。

STEP 1

【未来目標】
卒後15年目には国際的にもある程度認知されたがん研究者となると同時に、優れたがん治療医として活躍したい

【未来目標から遡る実現プラン】
卒後10年目〜：国内外大学病院・研究所で研究・臨床をトップレベルで遂行
卒後5年目〜9年目：海外の世界トップの研究所・大学で研究・臨床に従事し、世界レベルの業績実績を上げる
卒後3年目〜5年目：藤田医科大学および関連施設で専門医研修を完遂させると同時に、さらなる研究成果を上げる
卒後3年目：これまでの研究成果をまとめ、大学院を早期修了し学位を取得
卒後1年目〜2年目：藤田医科大学病院で臨床研修医として幅広く研修を行うと同時に、社会人大学院生としてこれまでの研究を完成させる
学部6年生：前期は海外の研修病院での臨床実習を行う。後期からは国家試験対策と同時にこれまでの研究のまとめも行う。国際一流紙への第一著者として論文公表を数本行う。
学部4年生後半〜5年生：参加型臨床実習において、一般では臨床研修医レベルの習得事項を先取りして習熟。特に特別指導を受ける診療科でのサポートによる先取り研修、および研究も継続して行う
学部3年生〜4年生前半：student researcher制度を利用し、がん研究を行う診療科での指導を受け研究を遂行する。また将来専攻する診療科を決め特別指導を仰ぐ
学部2年生：将来志望するがん医療に関連する基礎医学研究室にstudent researcherとして参加し、研究者としての修練を開始する。研究室配属期間は関連する海外の研究室での研修を行う。
学部1年生：広く学内の研究室・診療科を紹介してもらうことで将来の自分の目標を確定していく。海外での研究・研修に備えて英語によるコミュニケーションスキルを上げる

や、卒業後に医師・研究者としてどのような経験を積んでいくのかというビジョン例が書かれています。このように、大学に入ってからのビジョンを明確にすることは、理想の将来を手に入れるための第一歩になりますし、高いモチベーションにもなるはずです。

さて、いずれにしても、医師になるためには、まず、医学部に合格しなければなりません。医療の現状・現場や抱えている問題、社会から求められている医療や医師像を理解し、そこに自らの理想を重ね合わせ、目指す医師像を明確にすることが医学部合格への第一歩であり、医師への第一歩でもあります。強い信念を持って医学部を目指せるよう、しっかり自分と向き合い、考えを深めてください。

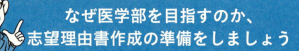
なぜ医学部を目指すのか、志望理由書作成の準備をしましょう

1．あなたは本当に医師・研究者になりたいですか？
①あなたは医師・研究者になると自分で決めていますか？
②医師・研究者になるためにどんな困難も乗り切ろうという覚悟はありますか？

2．将来、どんな医師・研究者になりたいですか？
①あなたの憧れの医師・研究者は誰ですか？
②その医師・研究者のどんなところに憧れますか？
③あなたが医師・研究者として大切にしたいことは何ですか？
④将来のあなたが他の医師・研究者よりも優れている点があるとしたら何ですか？
⑤あなたの理想の医師像・研究者像を描いてみてください。

3．医師・研究者になろうとしたきっかけは何ですか？
①いつぐらいから医師・研究者になろうと思いましたか？
②何がきっかけで医師・研究者になろうと思いましたか？
③医師・研究者になりたいという思いが強くなった理由は何ですか？

4．これからの社会で医師の役割は何だと思いますか？
①現在の医療にはどんな問題があると思いますか？
②あなたが、医師・研究者になったとき、医療はどんな問題を抱えていると思いますか？

未来への目標を設定する

③その中であなたが特に解決したいと考えることは何ですか？

④あなたが医師・研究者として社会に貢献できることは何ですか？

5. あなたが医師・研究者に向いているのはどういうところですか？

①あなたの長所・短所は何ですか？

②あなたは家族・友人などまわりの人からどんな人だと言われますか？

③あなたが医師・研究者になるとしたらどんなところを改善する必要がありますか？

④あなたが医師・研究者に向いているのはどんなところですか？

6. 大学卒業後はどんな経験をしたいですか？

①大学を卒業して15年後、医師・研究者としてどんな活躍をしていますか？

②そのために、大学で他の学生よりも力を注ぎたいことは何ですか？

③研修医の期間で身につけておきたいことは何ですか？

④15年後の活躍を目指して、5年後、10年後はどんな経験を積んでおきたいですか？

② 本当に目指したい志望大学を決めよう

「この大学に行きたい」具体的理由を見つける

　次に、どの大学を目指すべきかを考えていきます。医師の資格を取得できるなら、どの大学の医学部でも良いと考える人も少なくありません。しかし、入学できればどこでも良いと考えていては、対策に困ります。勉強方針が立てにくいですし、同じ医学部でも大学によって入試問題の傾向は違いますから、できれば早めに行きたい大学、志望する大学を決めるべきです。

　志望大学を決める場合、ただ何となく行きたいというよりも、「教授の著書を読んで感銘を受けた。この教授に教えてもらいたいからこの大学に行きたい」、「自分がやってみたい心臓外科の研究が盛んだから、この大学で学びたい」、「地元で地域医療に携わりたいので、地元の大学に行きたい」というように、**具体的な理由**を見つけましょう。こうして、行きたい大学がいくつか見つかれば、オープンキャンパスに足を運んでみましょう。施設・設備の見学、模擬授業、入試説明会などがありますから、自分で体験し、自分の目で確認することができます。また、その大学の学生と話をする機会もあり、大学の魅力など、身近な年代から意見を聞くことができます。こうした学生の生の声は心に響き、本当に行きたい大学を選ぶ重要なポイントとなります。

　志望大学を決めるときに、難度が高いからという理由で合格偏差値の低い大学へと簡単に志望を下げてしまう受験生もいますが、

そんな理由で志望を下げてはいけません。「入りたい大学」を目指すことが、勉強へのモチベーションになりますし、高い目標を持つことで成績が大きく伸びることもよくあるからです。努力の質・量を上げるためには、目いっぱい努力しなければ到達できない目標を掲げることが重要です。「高い目標を掲げた受験生は奇跡を起こせるが、低い目標では奇跡は起きない」と言っても過言ではありません。

目標を掲げたからには絶対諦めないと覚悟を決める

　そして、目標を掲げたからには、絶対に諦めないと覚悟を決めることです。**諦めなければ絶対に到達できる**、と自分を信じ切る強さも必要です。

　例えば模試でD判定やE判定を取ったときは、誰しもモチベーションが下がりますが、ここで諦めてしまえば、その瞬間ですべてが終わってしまいます。ですから、たとえE判定だったとしても、「今の時点では、たまたまこの問題ができないだけだ」と割り切り、「入試本番までにできるようにすれば良い」と気持ちを切り替えることが大切です。「絶対に合格ラインに到達できる」と自分を信じ切ることです。

　私が担当した生徒で、東京のある私立大医学部に合格した生徒がいます。出身は地方の公立高校ですが、進学校というわけではなく、成績もそれほど良いほうではありませんでした。通常、彼の成績だと、それほど難度の高くない大学を目指したくなるものですが、彼よりも先に医学部に入学した友人からいろいろ話を聞いているうちに、自分が望む医師像を目指すなら、東京の御三家

と呼ばれる伝統ある大学に行きたいと思うようになりました。彼が受験したい大学は、私立大でも難関で、とりわけ英語は、問題形式が多様で設問数が多く、問題の難度が高いことで知られています。ですから、英語はさまざまなタイプの問題に数多く取り組む必要がありますし、数学も理科も相当に頑張らなければ合格点には届きません。

　まわりの友人の中には「そんなにレベルの高い大学には合格できるわけがない」と言ってくる人もいましたが、彼は「合格するまで絶対に諦めない。諦めなければ絶対に合格できる」と信じて必死に努力を続けました。すべての科目でわからないことがあると、納得できるまで先生に粘り強く質問し、間違えた問題は、自力で解けるようになるまで10回も20回も解き直しました。こうやって、彼は諦めることなく必死になってやり遂げ、2年浪人して第一志望の大学に合格することができました。最初から、「医学部ならどこでも良い」という考えで受験していたら、おそらくどこの大学にも受かっていなかったと思います。

　医学部に合格するためには、「頭の良さ」や「勉強に対するセンスの良さ」以上に、**自分を信じて絶対に諦めない、強い覚悟・決意が不可欠**です。これまで多くの生徒をマンツーマンで指導し、目の前で医学部に合格していく姿を見てきた中で、私はそう確信しています。

未来への目標を設定する

③ 合格に近づくための「戦略的な受験大学選び」とは？

STEP 1

同じ医学部でも出題傾向は大学によって大きく異なる

　自分が目指したい大学、行きたい大学にこだわることが最も大切であることは間違いありません。しかし、どうしても一年でも早く医学部に合格したいと考える受験生がいることも理解できます。その場合は、自分にとって合格しやすい大学という点も視野に入れて、戦略的に準備を進めていく必要があります。

　同じ医学部でも出題傾向や出題形式などは、大学により大きく異なります。問題自体の難易度、試験時間に対する問題量、頻出分野、出題形式、配点など、大学ごとの特徴を踏まえ、自分の学力特性との相性を考えて受験大学を決めることになります。

　受験大学を選ぶ場合、一般的には偏差値を基準に決めがちですが、医学部の場合はハイレベルな戦いになり、また模試の問題と大学ごとの入試問題が違うこともあり、模試の偏差値と実際の合否が一致しない場合が多く、偏差値だけでは選べません。したがって、**入試問題の難易度や出題傾向など、いろいろな条件を調べる**必要があります。

　24～26ページに、2020年度の国公立大医学部2次試験の合格最低得点率の目安を挙げました。それぞれのグラフで大学名が上のほうにあるのは比較的入試問題の易しい大学グループ、大学名が下のほうにあるのは比較的入試問題が難しい大学グループです。

023

国公立大学医学部〈前期〉
共通テスト目標得点率[2021年度]／2次合格最低得点率[2020年度]

各大学の共通テスト目標得点率（2021年度）と2次試験の合格最低得点率（2020年度）を、分布図にまとめたものです。問題の難度が高くなるほど、2次試験の合格最低得点率が低くなります。

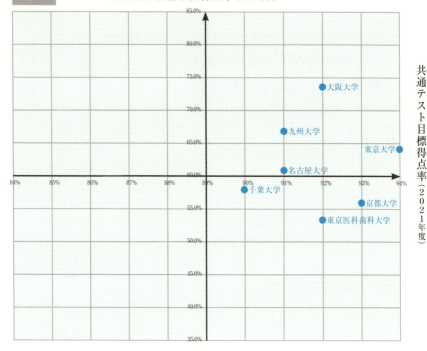

偏差値81以上

B判定偏差値	大学名	共通テスト目標得点率	2次試験合格最低得点率
85	東京大学	94%	64.2%
84	京都大学	93%	55.8%
	大阪大学	92%	73.4%
83	東京医科歯科大学	92%	52.9%
82	名古屋大学	91%	61.0%
81	九州大学	91%	67.1%
	千葉大学	90%	57.9%

※東北大学、新潟大学、群馬大学は合格最低点が非公表のため掲載していません。

※「共通テスト目標得点率」は、「進研模試 総合学力マーク模試（6月実施）」をもとにベネッセが設定した2021年度入試の共通テスト目標点の得点率です。ただし、共通テスト目標点はあくまで「センター試験の結果から算出された目安」であることにご留意ください。

※「2次試験合格最低得点率」は、2020年度入試の各大学の2次試験の合格最低点の得点率です。

※偏差値は「進研模試 総合学力記述模試（7月実施）」をもとにベネッセが設定した2020年度入試の予想難易度（2019年9月現在）で、2次傾斜B判定偏差値（合格可能性60%以上80%未満）の数値です。

未来への目標を設定する

偏差値 76〜80

2次試験 合格最低得点率（2020年度）

共通テスト目標点得率（2021年度）

鹿児島大学　広島大学　熊本大学　筑波大学　岐阜大学　琉球大学　北海道大学　長崎大学　愛媛大学　大阪市立大学　岡山大学　神戸大学　奈良県立医科大学　三重大学　山口大学　信州大学　浜松医科大学　札幌医科大学　名古屋市立大学　金沢大学　富山大学　横浜市立大学　大分大学　徳島大学　滋賀医科大学　京都府立医科大学　和歌山県立医科大学

■国立　□公立

偏差値76〜80

B判定偏差値	大学名	共通テスト目標得点率	2次試験合格最低得点率
80	筑波大学	89%	72.9%
	京都府立医科大学	89%	42.9%
	神戸大学	89%	66.0%
	北海道大学	88%	70.5%
	広島大学	88%	75.9%
79	金沢大学	88%	62.0%
	長崎大学	88%	69.6%
	熊本大学	88%	74.4%
	岐阜大学	86%	72.0%
	愛媛大学	86%	68.4%
78	横浜市立大学	89%	58.7%
	名古屋市立大学	88%	63.3%
	滋賀医科大学	88%	47.2%
	大阪市立大学	88%	68.5%
	岡山大学	88%	68.3%

B判定偏差値	大学名	共通テスト目標得点率	2次試験合格最低得点率
78	鹿児島大学	87%	80.1%
	富山大学	86%	59.5%
	大分大学	86%	57.0%
	札幌医科大学	85%	60.9%
77	浜松医科大学	88%	63.0%
	三重大学	88%	64.9%
	奈良県立医科大学	87%	63.0%
	和歌山県立医科大学	87%	33.3%
76	信州大学	87%	63.4%
	徳島大学	87%	52.9%
	山口大学	86%	62.7%
	琉球大学	86%	70.7%

偏差値75以下

２次試験 合格最低得点率（2020年度）

共通テスト目標得点率（2021年度）

■国立　■公立

偏差値75以下

B判定偏差値	大学名	共通テスト目標得点率	2次試験合格最低得点率
75	福井大学	85%	61.3%
74	鳥取大学	86%	62.1%
	香川大学	86%	68.4%
73	弘前大学	85%	71.3%
	高知大学	85%	65.2%
	佐賀大学	85%	72.9%
72	山形大学	86%	68.9%
	福島県立医科大学	86%	43.5%

B判定偏差値	大学名	共通テスト目標得点率	2次試験合格最低得点率
71	宮崎大学	86%	43.8%
	秋田大学	84%	78.6%
70	島根大学	86%	58.0%
69	旭川医科大学	84%	51.5%

未来への目標を設定する

　横軸の目盛りは進研模試にもとづいて、ベネッセが設定した2021年度の共通テスト目標得点率です。ベネッセの場合、共通テストがセンター試験より難しくなることを考慮せずに出しているので、2020年度のセンター試験のB判定得点率ともいえます。

　2020年度の国公立大入試での合格最低点は、センター試験と2次試験の合計点ですから、合格最低点からセンター試験の点数を引いた残りが、2次試験で何点取れば合格最低点をクリアできるかという目安になります。例えば、25ページの偏差値76〜80のグループを集めたグラフで共通テスト目標得点率87％付近にはいくつか大学が並んでいますが、鹿児島大学の2次試験合格最低点の得点率は80.1％ですから、2次試験では得点率85％以上を目標にしなければなりません。一方、滋賀医科大学は問題が難しいため、2次試験合格最低点の得点率は47.2％と低くなっています。ですから、50％程度の得点を目指せば合格ラインに届くといえます。

　京都府立医科大学は2次試験で45％程度得点できれば合格ラインに届く計算になりますが、例年どの科目も高いレベルの思考力や論述力を要する出題になっています。2020年度の英語は長文3題で約3,150単語と長く、特に第1問は約1,350単語の超長文で、内容も「国際関係論の視点から問う環境倫理」に関する論説文であり、設問も日本語や英語で内容説明をする記述問題と、難度が高いものでした。どの科目も難度が高いうえに記述量も非常に多く、制限時間内で効率良く点数を積み上げるための解答順序と時間配分もカギとなっています。

　また、26ページの偏差値75以下のグループを集めたグラフの共通テストの目標得点率の低い大学でも、例えば秋田大学は、2次試験で最低80％以上の得点率が必要です。いわゆる難問はほとんど出題されません。逆に宮崎大学は45％が合格ラインになっており、出題難度が高くなっています。

　このように、大学によって問題自体の難易度や問題量はもちろ

027

ん、頻出分野や出題形式なども異なるので、**偏差値だけを見て「入りやすそうだ」と受験大学を選ぶと、思うように得点できずに、大失敗してしまうことがよくあります。**ですから、過去問や合格最低点を見て自分が対応できる大学、自分の長所を生かせて短所はあまり弱点にならない大学をどう見つけるかが重要になります。

私立大学医学部 科目ごとの難易度と問題量の例

大学名	問題難易度／分量 [2020年度入試分析結果]				
	英語	数学	化学	生物	物理
順天堂大学（A方式）	標準	やや難	やや難	標準	標準
	多い	適量	非常に多い	適量	多い
川崎医科大学	易	標準	標準	易	やや易
	適量	適量	多い	適量	適量
昭和大学（Ⅰ期）	標準	易	やや難	標準	標準
	少ない	適量	多い	適量	適量
東邦大学	やや難	標準	やや易	標準	標準
	多い	適量	適量	多い	多い
金沢医科大学（前期）	標準	易	易	易	標準
	多い	適量	多い	適量	適量

　また、同じ大学でも科目ごとに難易度や分量にバラツキがあります。上に一部の私立大医学部について科目ごとの難易度と問題量を比較した表を挙げましたが、2020年度の川崎医科大学では英語に比べ数学が難しくなっています。このため、英語に比べ数学のほうが得意な受験生がやや有利になります。これに対して、2020年度の昭和大学、東邦大学、金沢医科大学などでは英語に比べ数学の難度が低くなっています。金沢医科大学の数学は問題が易しく、分量も多くないので、数学が苦手な人でも不利になりにくいのですが、図形を絡めた出題が多いため、自分の学力特性を知ったうえで、得意分野を生かせて、合格の可能性が高くなる大

未来への目標を設定する

学を選ぶと良いでしょう。

2020・2019・2018年度 出題傾向と出題分野 【数学】

さらに、自分の分野ごとの得意・不得意と大学ごとの頻出分野を比較することで、より相性の良い出題の大学を考えることもできます。上に一部の大学について出題傾向と出題分野を比較した表も載せました。日本医科大学は数学Bと数学Ⅲが中心でやや難度が高い出題なのに対して、東海大学はベクトル以外のいろいろな分野から標準レベルの問題が出題されていることがわかります。得意な分野が頻出し、苦手な分野があまり出題されない大学を選ぶことができれば、より合格の可能性が高まります。

自分にとって「相性の良い大学」とは？

　配点についても、さまざまなパターンがあるので、自分の得意科目を生かせる大学を探してみる必要があります。自分の得意とする科目の配点が高く、苦手な科目の配点が低い大学ほど得点率を高められます。ですから、志望大学の配点型にも注目しておきましょう。

2021年度 国公立大学医学部 科目別配点（抜粋）

共通テスト

	英語(200)	数学(200)	国語(200)	理科①(100)	理科②(100)	地歴・公民(100)	合計(900)
名古屋大学	200	200	200	100	100	100	900
名古屋市立大学	125	125	125	50	50	75	550
岐阜大学	200	200	100	100	100	100	800
広島大学A	200	200	200	100	100	100	900
広島大学B	200	200	200	100	100	100	900
島根大学	100	100	200	100	100	100	700
徳島大学	200	200	150	150	150	50	900
大阪市立大学	100	200	100	100	100	50	650
和歌山県立医科大学	150	100	100	75	75	100	600

個別試験（一般・前期）

	英語	数学	理科①	理科②	国語	面接	合計
名古屋大学	500	500	250	250	150	—	1650
名古屋市立大学	300	300	200	200	—	200	1200
岐阜大学	400	400	200	200	—	—	1200
広島大学A	300	300	600	600	—	—	1800
広島大学B	600	600	300	300	—	—	1800
島根大学	200	200	—	—	—	60	460
徳島大学	200	200	—	—	—	—	400
大阪市立大学	200	300	150	150	—	—	800
和歌山県立医科大学	200	250	125	125	—	—	700

　例えば、上の表の配点で、数学と理科は得意だが英語と地歴がやや苦手という受験生が、大阪市立大学と和歌山県立医科大学とを比較した場合、共通テストの配点から考えると、大阪市立大学の得点率のほうが高くなる計算になります。広島大学の場合は、前期日程でA配点（理科重視型）とB配点（各教科均等型）という2つの配点型を用意し、それぞれ半数ずつ合格させています。理科が得意な受験生は、数学や英語が得意な受験生に比べてA配点での得点率を高められますので、得意な理科の2科目を徹底的

に対策して、さらに高得点を取れるようにしておくと、合格の可能性が飛躍的に高まります。

　私立大は英語・数学・理科2科目の3教科4科目という大学が圧倒的に多く、国際医療福祉大学、順天堂大学、東邦大学は英語の配点が高くなっています。また、出題傾向にもいろいろタイプがあり、問題量が極端に多い大学や、マークシート式でスピードが必要な大学は、じっくり考えるタイプの受験生には向きません。

　こうした**配点や出題傾向を考慮した、受験大学の戦略的選定（マッチング）も重要**です。

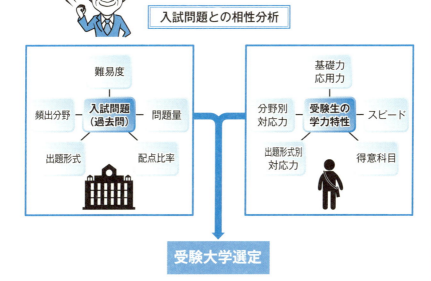

まずは大学の入試問題を分析します。分析するのは次の5つの項目です。

① 問題の難易度
② 試験時間に対する問題量（スピード）
③ 出題形式
④ 頻出分野
⑤ 配点比率

この5つの項目について、自分にとって有利になるか不利になるかを考えていきます。これについては自分でもある程度できそうですが、私が教務統括を務めているメディカルラボはマンツーマン授業なので、多くの医学部合格者を指導した講師が他の受験生と比較し、客観的に診断できます。そして、得意な単元や得意な出題形式などを細かく分析して、各教科の先生が自分の担当科目について相性の良い大学を探していきます。

50〜54ページに載せた学力診断シートでの自己分析もマッチングの材料になります。ぜひ活用してください。

マッチングによる受験大学選定については31ページに図示した通りですが、問題の難易度、問題量が多いか少ないか、頻出なのはどの分野か、どういった出題形式かなど、それぞれの項目ごとに相性を見て受験大学を選ぶことになります。例えば、解答スピードが遅く、深く考える記述式が得意であり、数学は得意だが英語の文法や英作文が苦手というK君の場合（33ページの図）で考えてみましょう。志望大学として挙げたA大学・B大学・C大学の出題傾向を比較してみると、問題量が少なく、記述式で、数学は得点差がつきやすく、英語は長文しか出題されないB大学が、最も相性が良いということになります。

未来への目標を設定する

受験大学の戦略的選定【マッチング・重点校対策】

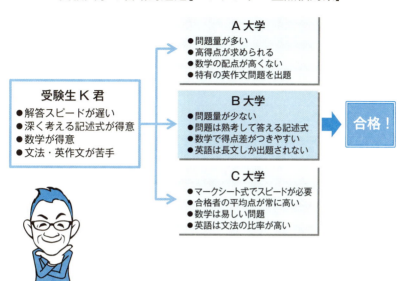

　メディカルラボの「私立医学部模試」では、生徒一人ひとりの得意・不得意、学力特性までを分析し、より合格の可能性の高い大学を判定します。

　34ページで、受験生Aさんの判定の例を紹介します。例えば英語について、解答スピードが遅く、正確に読解することが苦手で、英作文が得意なAさんは、スピード10点、記述力25点、読解力10点という結果でした。これを各大学の出題傾向に合わせて換算します。問題量が多く、長文の割合が少ないA大学はスピード×2、記述力×1、読解力×1で計55点、問題量が少なく、英文和訳問題が多いB大学は記述力×3、読解力×1で計85点、マークシート式でスピードが必要で、長文のみが出題されるC大学はスピード×2、読解力×2で計40点となります。

　同様に、数学、理科などもそれぞれ換算して、全科目の診断結果から各大学の合格判定を行い、順位が上位の大学を受験大学として選定します。

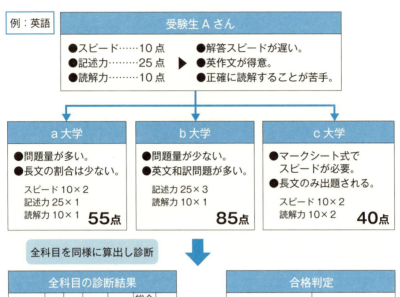

Step 2

自分専用の合格計画を立てる

1 医学部入試の現状を知る

医学部入試の難しさとは?

　医学部入試は難しいといわれますが、難しさには、**偏差値の高さ、問題そのものの難しさ、倍率の高さ**など、いろいろな要素があります。

　倍率から見ていきますと、2020年度の国公立大の平均倍率は前期日程が4.1倍、後期日程が16.3倍でした。国公立大は2段階選抜を行う大学がほとんどで、この関門を通過した受験生だけが2次試験を受験できます。したがって、センター試験で各大学が設定している基準を満たさなければ、前期試験や後期試験に進むことができません。よって先程の平均倍率は、成績が高かった人だけが集まった中での4.1倍や16.3倍ですから、かなりハイレベルの戦いが繰り広げられているわけです。私立大は補欠からの繰り上げ合格者数を公表しないところもあって、正確な平均倍率は算出できませんが、実質倍率が10倍を超えるような狭き門の大学がほとんどです。

　次に偏差値ですが、模試のデータで見ると、ベネッセ・駿台共催記述模試の場合、国公立大でも私立大でもB判定偏差値が70以上になっています。ですから、他学部に比べてかなり学力の高い人が受験しているわけですが、偏差値が高ければ必ず合格するというものでもありません。

　ベネッセ・駿台共催記述模試の場合、総合評価がA判定だと合

合格者・不合格者の記述模試総合偏差値度数分布
~2020年度一般入試~

偏差値	秋田大学 合格	秋田大学 不合格	福井大学 合格	福井大学 不合格	香川大学 合格	香川大学 不合格	東海大学 合格	東海大学 不合格	埼玉医科大学 合格	埼玉医科大学 不合格	偏差値
84以上							1			1	84以上
82							1	1			82
80			1			1	4	3	1	2	80
78			1	1		1	4	4	2	5	78
76	1	1			2	2	4	9	3	8	76
74	2	2	3	2	4	1	5	15	2	8	74
72	6		2	1	5	3	12	11	8	8	72
70	6	6	5	10	5	1	7	38	10	17	70
68	7	9	3	12	5	5	14	43	8	24	68
66	5	18	3	12		9	9	55	13	17	66
64	6	15	2	12	2		9	62	6	39	64
62	4	7	1	11		15	4	52	9	39	62
60	2	11		7		12	5	65	5	46	60
58	1	17		8		5	7	61	9	44	58
56		13		4		5		46	3	40	56
54		18		7		4		52	5	48	54
54未満		43		24	1	28	1	225	2	268	54未満
平均偏差値	68.4	58.6	70.8	61.1	70.9	59.4	69.4	58.4	66.0	55.8	平均偏差値

B判定（合格可能性60〜80%）

※ベネッセコーポレーション2020年5月30日付「入試結果調査」より

格可能性80％以上、B判定だと60％以上80％未満です。数字だけ見ると、A判定ならかなりの確率で合格できる計算です。しかし、各偏差値帯ごとに実際の合格状況を全国の医学部受験生について調査したデータブック「入試結果調査」によると、A判定でも合格できなかった人が多いというのが医学部入試での現状です（上図参照）。偏差値が同じでも「合格できる」、「合格できない」という差が出るのは、模試の問題と実際の大学の入試問題が大きく異なるのが１つの要因です。

　例えば、大分大学の2020年度入試では、英語は長文３題からなる出題で、長文は医学関連の単語が多く、難度が高くなっています（38ページ参照）。また、例年、大問２では語句整序した文章を長文中の空所に挿入する問題が、大問３では語形変化を伴う空所補充が出題されています。

一方、富山大学の英語は長文1題と自由英作文1題（適文補充問題含む）の2題だけですが、長文は本格的な医療・自然科学系の長文で設問の難度も高いです。自由英作文も他大学のものと比べ語数が多く、一般的な模試の英語とは出題内容が大きく異なっています。

大分大学医学部 過去4年間の長文読解におけるテーマ

年度	大問番号	テーマ
2020	1	乳がんを患った姉妹　―カナダとアメリカの医療制度―
	2	診察の歴史　―皮膚の外側と内側―
	3	幹細胞への期待と現実
2019	1	病院での面会制限と病棟回診の見直し
	2	肢端紅痛症が発症するしくみの解明
	3	ロズウェルパークの看護師たち
2018	1	肝臓移植の提供者に会いたい
	2	スポーツと脳の能力
	3	レストランでの食事中に脳卒中で倒れた女性の話
2017	1	BRCA1遺伝子の突然変異と乳がんの発症
	2	末期患者の最期の誕生日を祝う新人医師
	3	極小ロボットを用いた治療の可能性

医学部医学科受験者用に作成される独自問題であるため、扱われているテーマが医療系に偏っている。また、よくある医療をテーマにした自然科学の論文調ではなく、実在の患者と医師が登場するドキュメンタリー文章が多い。地の文と会話文が混ざり、独特の読みづらさがある。専門的な用語には脚注がつくため、医療用語を積極的に覚える必要はないが、内容を素早く理解し設問に解答していくためには、医療系長文で練習を積んでおく必要がある。背景知識を持っているといないとでは、理解のスピードに差が出るため、日頃から医療系のニュースに目を通しておくなどの対策も有効である。設問の難度も高いので、日本語での記述力をしっかりと養成しておきたい。

富山大学医学部 2020年度入試 英語の出題傾向

大問	分野	長文の種類	内容	出題形式
1	読解	生物学	刷子細胞の働き	選択／記述
2	読解 （適文補充） （自由英作文）	経験談	面接の正解は？　―自分に正直に―	選択／記述

大問2題で1題目は「刷子細胞」に関する本格的な自然科学系の長文、2題目は「面接」に関する長文で比較的読みやすいが、適文補充問題と自由英作文で答えなければならない。試験時間は90分。問題の難易度や記述の量を考えると決して余裕があるわけではない。大問1の長文は、専門的な語彙には注がついているが、予備知識なしで内容を理解しようと思うとサラッと一読する程度では難しく、時間をかけて論理展開を理解しながら読解する必要がある。また、字数制限つきの記述問題では、条件に合うように解答をまとめる必要があり、国語力も問われることになる。大問2では、まず設問1で文章中4つの空欄に当てはまる英文を選択する適文補充問題、設問2で長文の内容に関する200～250語の自由英作文が出題されている。200語を超える自由英作文を書こうと思うと、日頃から英語でアウトプットする練習を積んでおく必要がある。

自分専用の合格計画を立てる

　このように、**大学によって出題傾向が大きく異なり、求められる能力が違う**ので、それを知って対策を立てる準備をしないと、なかなか合格できません。

大学ごとに異なる出題傾向を把握する

　例えば、首都圏で難度が高い日本医科大学、順天堂大学、昭和大学の2020年度入試の英語の出題を比較してみましょう（41ページ参照）。

【日本医科大学】

　長文読解3題で、単語数は**約1,850単語**。これに発音・語彙問題と自由英作文も含めて試験時間は**90分**。長文の内容は医療・自然科学系に限らないが論説文が頻出で、内容理解力が重視されている。

　設問は発音、アクセント、同意語、空所補充、同意表現選択、内容一致、英文和訳、内容真偽、誤文訂正、指示語指摘、適文補充、内容説明、自由英作文と多様である。

【順天堂大学】

　長文読解4題で、単語数は以前と比べ大幅に少なくなったが、それでも**約3,000単語**と日本医科大学の**1.5倍**以上もある。これらと自由英作文を合わせて試験時間は**80分**。日本医科大学より短い試験時間の中でこれだけの分量をこなすということで、よりスピードを要する出題となっている。長文の内容は医療系のテーマに加え、最近は社会系のテーマもよく出題されている。設問は文章の内容に関するものが中心で、読解力、特に段落を要約する力が問われている。また、同意語選択の出題も多い。

【昭和大学】

　長文読解2題で、単語数は**約1,350単語**と、順天堂大学の半分

039

以下。長文以外に文法の空所補充問題があるが、すべて標準レベルで、40〜50分で解ける内容になっている。特に内容説明は毎年出題されているので準備しておくと良い。試験時間は**英語・数学合わせて140分**。

このように、大学によって出題が大きく異なるため、対策として行う学習内容も異なります。

日本医科大学では例年、内容がやや難しいさまざまな分野の長文が出題されるため、多様な分野の論説文を読み込む必要があります。また、設問形式も多岐にわたるので、いろいろな形式の問題に慣れることと、日本語での記述も多いので答案作成の練習も欠かせません。

順天堂大学は内容や難易度は標準的ですが、やや長め（1,000単語程度）の長文を内容把握や要約を意識しながら速読する練習が欠かせません。また、その長文の内容に関する背景知識があれば、先を類推しながら読めるので、より速く正確に読解できるようになります。ですから、医療・自然科学系や社会系の長文を多読し、背景知識を身につけておくことも必要でしょう。

昭和大学は標準レベルの長文（700〜800単語）の精読と、特に内容把握に重点を置いた対策が必要です。発音・アクセント・文法・熟語・慣用句など標準レベルの知識は確実に押さえなくてはいけません。

自分専用の合格計画を立てる

2020年度の英語の出題

日本医科大学（前期）　制限時間90分

解答形式▶記述

問題の全体難易度 ★★★ やや難　　前年との難易度比較 ➡ 変化なし　　時間に対する分量 多い

大問	分野	長文の種類単語数	内容	出題形式	難易度
1	読解	人文・科学系約800語	「人間が作り出した数的認知を補助する道具」についての長文問題（内容説明・同意表現・英文和訳・内容真偽）	選択・記述	★★☆☆
2	英作文	―	「認知を助ける道具と認知に拮抗する道具」についての自由英作文	記述	★★★☆
3	読解	社会・科学系約300語	「気候変動に関する学生の意識」についての長文問題（空所補充・誤文訂正）	選択・記述	★★☆☆
4	発音・語彙	―	発音、アクセント、同意語	選択	★★☆☆
5	読解	人文系約750語	「人間種が多様であった地球」についての長文問題（同意表現選択・同意語選択・指示語指摘・内容一致・適文補充）	選択	★★☆☆

順天堂大学　制限時間80分

解答形式▶記述／マーク

問題の全体難易度 ★★★☆☆ 標準　　前年との難易度比較 ➡ 変化なし　　時間に対する分量 多い

大問	分野	長文の種類単語数	内容	出題形式	難易度
1	読解	社会系約850語	「ビル・ゲイツ財団の活動に関するインタビュー」についての長文問題（同意語選択・同意表現選択・内容一致）	選択	★★☆☆
2	読解	社会系約850語	「経済的問題だけでない食品ロス」についての長文問題（同意語選択・同意表現選択・内容一致・空所補充・主題選択・欠文補充）	選択	★★☆☆
3	読解	人文・社会系約650語	「時間をお金で買うこと」についての長文問題（同意語選択・同意表現選択・内容一致・空所補充・主題選択・欠文補充）	選択	★★☆☆
4	読解	医療系約600語	「新たな死の定義」についての長文問題（同意語選択・内容一致・主題選択・段落補充）	選択	★★☆☆
5	英作文	―	「オンライン教育の長所と短所」についての自由英作文	記述	★★☆☆

昭和大学（Ⅰ期）　制限時間140分（英語・数学合わせて）

解答形式▶記述／マーク

問題の全体難易度 ★★☆☆ 標準　　前年との難易度比較 ➡ 変化なし　　時間に対する分量 少ない

大問	分野	長文の種類単語数	内容	出題形式	難易度
1	文法	―	空所補充	選択	★★☆☆
2	読解	社会系約850語	「なぜ日本の若者は幸福度が低いのか」についての長文問題（空所補充・語句整序・同意語選択・反意語・同意表現選択・内容一致）	選択	★★☆☆
3	読解	人文・科学系約500語	「数学が苦手になる原因」についての長文問題（内容説明・空所補充・同意文作成・内容一致）	選択・記述	★★☆☆

041

医学部は入試問題も難しい？

　次に、医学部の入試問題は難しいかということですが、すべての大学が難しいとは限りません。大学の偏差値の高さと問題自体の難度は一致するとは限らないのです。国公立大の場合、2次試験は記述式ですから、難しいイメージを抱く受験生が少なくありません。しかし、合格最低点が相当高い大学もあり（24〜26ページ参照）、とりわけ総合大学の場合は、他の理系学部と同じ入試問題であったり、英語は文系も含めた全学部共通というケースもあり（44〜45ページ参照）、総じて典型的な問題が多く、難問はあまり出題されません。

　逆に、非常に難しい入試問題を出題する大学もあります。東京医科歯科大学、京都府立医科大学、滋賀医科大学、和歌山県立医科大学など、単科医科大学は難しい入試問題が多いようです。そして、総合大学でも医学部だけ別の問題を出す大学は、特殊な出題になっていたり、問題の難度が高かったりしているのでしっかり確認しておいたほうが良いでしょう。例えば、福井大学、大分大学、山梨大学（後期）などは、医学部の独自問題を作成しています（44〜45ページ参照）。また、合格最低点がかなり低い大学がありますが、そのような大学は当然ながら入試問題が相当難しいか、問題量がかなり多くなっています（24〜26ページ参照）。

　私立大の医学部の英語では、医療や医学に関する問題がよく出ます。例えば、東邦大学では英語の試験に医療・自然科学系の専門的な長文が毎年のように出題されます。2020年度は大問1で「遺伝子治療とその問題点」についての長文問題が出題されました。この長文の文章の一部を日本語訳すると43ページの図のようになります。本年は比較的易しめの語彙でしたが、それでも一般の高

自分専用の合格計画を立てる

東邦大学 2020年度入試 英語長文の内容の一部
※入試問題はすべて英文ですが、ここでは和文も交えて表記しています。

> genetically engineered bacteria は
> 　　　遺伝子組換えバクテリア
> human growth hormone、synthetic insulin、
> 　　ヒト成長ホルモン　　　　合成インスリン
> 　　hemophilia の factor Ⅷ、
> 　　　血友病　　　　第Ⅷ因子
> そして tissue plasminogen activator と呼ばれる
> 　　　　組織プラスミノーゲン活性化因子
> 　the clot-dissolving agent を生産する。
> 　　　　血栓溶解剤

東邦大学は難解な医療用語も注釈なしで答えなければならない。

校生があまり目にすることがない、医学を学ぶ学生が読むような内容です。さらに、文中の難解な医療用語にも注釈やヒントがないので、文章全体から医療用語を類推できないと解答できません。医療や医学に関する英文を多読して背景知識を積み、このような英文に慣れておく必要があります。私立大では特徴的な出題が多い分、その特徴をつかんだ対応力を磨いておかないと差がつきやすいため、**出題傾向に合わせた対策が重要**です。

また、医学部で特徴的なのは、面接試験があることです。面接では、医師や研究者としての適性をチェックするという狙いがあります。面接の詳細はStep 5で述べますので、そちらを参照してください。

国公立大学医学部〈前期〉入試問題分類 [2020年度]

大学名	学部学科	他学部と共通問題	医学科独自問題	他学部と一部共通	備考
旭川医科大学	医・医	英 **数** 化 生 物	**英** **数** 化 生 物	英 数 化 生 物	
北海道大学	医・医	**英 数 化 生 物**	英 数 化 生 物	英 数 化 生 物	
弘前大学	医・医	**英 数** 化 **生 物**	英 数 化 生 物	英 数 化 生 物	
東北大学	医・医	**英 数 化 生 物**	英 数 化 生 物	英 数 化 生 物	
秋田大学	医・医	英 数 化 生 物	英 数 化 生 物	**英 数** 化 生 物	英語：大問3題のうち、2題が独自。 数学：大問4題のうち、3題が独自。
山形大学	医・医	**英** 化 生 物	英 数 化 生 物	英 **数** 化 生 物	数学：大問4題のうち、1題が独自。
筑波大学	医・医	**英 数 化 生 物**	英 数 化 生 物	英 数 化 生 物	
群馬大学	医・医	**英** 化 **生** 物	英 数 化 生 物	英 **数** 化 生 **物**	数学：大問5題のうち、大問2(1)・(2)、大問3(2)、大問4(1)、大問5が独自。物理：大問3題のうち、大問1(9)・(10)が独自。
千葉大学	医・医	**英** 化 **生 物**	英 数 化 生 物	英 **数** 化 生 物	数学：大問5題のうち、1題が独自。
東京大学	理科三類	**英 数 化 生 物**	英 数 化 生 物	英 数 化 生 物	
東京医科歯科大学	医・医	**英 数 化 生** 物	英 数 化 生 物	英 **数** 化 生 **物**	数学:大問3題のうち、大問1(1)・(3)・(4)、大問2(2)・(3)が独自。物理:大問3題のうち、大問2の問2(4)・(5)が独自。
新潟大学	医・医	**英 数 化 生 物**	英 数 化 生 物	英 数 化 生 物	
富山大学	医・医	**英 数 化 生 物**	**英** 数 化 生 物	英 数 化 生 物	
金沢大学	医薬保健・医	**英 数 化 生 物**	英 数 化 生 物	英 数 化 生 物	
福井大学	医・医	**英** 化 **物**	**英 数** 化 **生** 物	英 **数** 化 生 物	数学：大問4題のうち、大問1、大問2(3)、大問3、大問4が独自
山梨大学（後期）	医・医	英 数 化 生 物	**英 数** 化 **生** 物	英 数 化 生 物	
信州大学	医・医	**英 数 化 生 物**	英 数 化 生 物	英 数 化 生 物	
岐阜大学	医・医	**英 数 化 生 物**	英 数 化 生 物	英 数 化 生 物	
浜松医科大学	医・医	英 数 化 生 物	**英 数** 化 **生 物**	英 数 化 生 物	
名古屋大学	医・医	**英 数 化 生** 物	英 数 化 生 物	英 数 化 生 物	
三重大学	医・医	**英** 化 **生 物**	英 数 化 生 物	英 **数** 化 生 物	数学：大問3題のうち、大問1(1)(5)、大問2(3)後半、大問3が独自。
滋賀医科大学	医・医	英 数 化 生 物	**英 数** 化 **生** 物	英 数 化 生 物	
京都大学	医・医	**英** 化 **生** 物	英 数 化 生 物	英 数 化 生 物	
大阪大学	医・医	**英 数 化 生 物**	英 数 化 生 物	英 数 化 生 物	
神戸大学	医・医	**英 数 化 生 物**	英 数 化 生 物	英 数 化 生 物	

自分専用の合格計画を立てる

■国立　■公立

大学名	学部学科	他学部と共通問題	医学科独自問題	他学部と一部共通	備考
鳥取大学	医・医	英 数 化 生 物	英 数 化 生 物	英 数 化 生 物	数学：大問4題のうち、1題が独自。
島根大学	医・医	英 数 化 生 物	英 数 化 生 物	英 数 化 生 物	英語：大問5題のうち、2題が独自。
岡山大学	医・医	英 数 化 生 物	英 数 化 生 物	英 数 化 生 物	
広島大学	医・医	英 数 化 生 物	英 数 化 生 物	英 数 化 生 物	
山口大学	医・医	英 数 化 生 物	英 数 化 生 物	英 数 化 生 物	
徳島大学	医・医	英 数 化 生 物	英 数 化 生 物	英 数 化 生 物	
香川大学	医・医	英 数 化 生 物	英 数 化 生 物	英 数 化 生 物	数学：大問4題のうち、3題が独自。
愛媛大学	医・医	英 数 化 生 物	英 数 化 生 物	英 数 化 生 物	数学：大問5題のうち、1題が独自。
高知大学	医・医	英 数 化 生 物	英 数 化 生 物	英 数 化 生 物	
九州大学	理科三類	英 数 化 生 物	英 数 化 生 物	英 数 化 生 物	
佐賀大学	医・医	英 数 化 生 物	英 数 化 生 物	英 数 化 生 物	数学：大問4題のうち、1題が独自。
長崎大学	医・医	英 数 化 生 物	英 数 化 生 物	英 数 化 生 物	数学：大問4題のうち、2題が独自。
熊本大学	医・医	英 数 化 生 物	英 数 化 生 物	英 数 化 生 物	数学：大問4題のうち、2題が独自。
大分大学	医・医	英 数 化 生 物	英 数 化 生 物	英 数 化 生 物	
宮崎大学	医・医	英 数 化 生 物	英 数 化 生 物	英 数 化 生 物	数学：大問5題のうち、4題が独自。
鹿児島大学	医・医	英 数 化 生 物	英 数 化 生 物	英 数 化 生 物	
琉球大学	医・医	英 数 化 生 物	英 数 化 生 物	英 数 化 生 物	
札幌医科大学	医・医	英 数 化 生 物	英 数 化 生 物	英 数 化 生 物	
福島県立医科大学	医・医	英 数 化 生 物	英 数 化 生 物	英 数 化 生 物	
横浜市立大学	医・医	英 数 化 生 物	英 数 化 生 物	英 数 化 生 物	化学：大問3題のうち、大問Ⅰ(2)・(3)-(ウ)・(4)-(イ)・(5)、大問Ⅱ(1)が独自。
名古屋市立大学	医・医	英 数 化 生 物	英 数 化 生 物	英 数 化 生 物	数学：大問4題のうち、大問1、大問2(2)が独自。
京都府立医科大学	医・医	英 数 化 生 物	英 数 化 生 物	英 数 化 生 物	
大阪市立大学	医・医	英 数 化 生 物	英 数 化 生 物	英 数 化 生 物	
奈良県立医科大学	医・医	英 数 化 生 物	英 数 化 生 物	英 数 化 生 物	
和歌山県立医科大学	医・医	英 数 化 生 物	英 数 化 生 物	英 数 化 生 物	

STEP 2

② 自分の学力を きちんと分析しよう

  医学部入試のスタートラインに立てているのか？

「医学部を目指す『受験生』にあなたはなっていますか？」
　受験を意識して勉強を始めた人を「受験生」と考える人、あるいは、高校３年生を「受験生」と考える人も多いようですが、私はそれだけでは「受験生」としては不十分だと考えます。
　特に医学部を目指すのであれば、英語・数学・理科については基礎に穴がなく、基礎固めがしっかりできた状態になって初めて「受験生」になったと言えるのではないかと思っています。そう考えた場合、あなたは医学部を目指す「受験生」になったと言えるでしょうか。
　基礎が固まった状態とは、各教科の基本的な問題や典型的な問題であれば、見たら瞬間的に解き始めて正解を導き出せる状態だと考えています。そういう状態になっている人も多いと思いますが、もし自信を持って「基礎が固まっている＝『受験生』になっている」と言えない場合は、早急に自分の学力状況を分析し、基礎を固める必要があります。

自分の学力を客観的に分析する

　自分の学力を客観的に分析するためには、メディカルラボが実施している学力診断テストを受けることをお勧めしますが、自分でもある程度の診断は可能です。50〜54ページに学力診断シートを掲載していますので、参考にしてみてください。

　例えば数学なら数Ⅰ、数Ⅱ、数Ⅲ、数A、数Bのすべての単元ごとに、得意3点、普通2点、苦手1点（場合の数と確率1点、ベクトル2点など）のように点数をつけます。点数つけに迷う場合は、模試の結果も参考にすると良いでしょう。こうした自己診断でわかった結果は、**学習計画を立てるときに問題集のレベルを決める参考**になります。さらに、**どの分野から手をつけるべきかの優先順位**も明確になります。基礎固めのための問題集を選ぶときには苦手な分野に着目して選ぶのですが、例えば数学だったら自分の最も苦手な単元の問題を見たときに、半分ぐらいは自分で解けそうなものを選ぶのが良いでしょう。

目指す大学によって求められる基礎学力は異なる

　各教科の典型的な問題の解法がすぐにわかる状態になっていれば、志望大学の対策次第で合格できる可能性は十分にあります。
　ただし、同じ医学部でも大学によって入試問題の出題傾向はさまざまです。志望大学の過去問を活用し、問題の難易度、試験時間に対する問題量（スピード）、出題形式、頻出分野についてもチェックしましょう。これらは志望大学を決めるときにも重要になってくるのですが、基礎固めをする際にも志望大学の出題傾向を意識することで、より効率良く合格に近づくことができます。

　医学部に合格するためには「模試で良い成績を取らなければ」と考える受験生が多いのですが、**模試と実際の入試問題は違います**から、高い偏差値を取ることだけを目標に勉強していくことは良くありません。自分の学力状況に合わせて勉強することはもちろんですが、**合格するのに必要な学力は、目指す大学によって異なります**。志望大学の問題の難易度、問題量、出題形式、頻出分野を意識して、それを解くのに必要な学力を身につけていきましょう。例えば、自分が問題を解くスピードが遅いのに、志望大学の問題量が多い場合は、ただ問題を解くだけでなく、スピードを意識した訓練が必要になりますし、典型的な問題しか出ないということであれば、難しい問題に多くの時間を割く必要はありません。
　いわゆる難問がほとんど出題されない大学であれば、典型的な問題を確実に解けるようにすることで、国公立大の医学部でも合格できる可能性が十分に生まれます。

自分専用の合格計画を立てる

模試の問題　≠　入試問題

目標は入試問題で合格点を取る学力をつけること

（満点は必要ない！）

過去問で確認すべきこと

①問題の難易度
②試験時間に対する問題量（スピード）
③出題形式
④頻出分野

これをもとに志望大学の対策用の問題集を選ぶ

学力診断シート　これをもとに学習計画を立ててみましょう。

英 語

1.各分野について【得意3点、普通2点、苦手1点】で点数を記入してください。

英　語																		
	文　　法										解　　読				発音	英　作　文		
分野	時制	完了形	態	助動詞	仮定法	不定詞	動名詞	分詞	比較	代名詞	関係詞	語彙	構文	内容説明	和訳	会話文	発音アクセント	和文英訳	自由英作	語句整序
点数																		

2.各項目について、当てはまるものに○をつけてください。

【難易度】

ア	難しい問題も問題なく解くことができる。
イ	難しい問題は、時間をかければ、解くことができる。
ウ	標準的な問題を確実に解くことができる。
エ	標準的な問題は8割程度解くことができる。
オ	標準的な問題は扱われる題材によってばらつきがある。
カ	基礎的な問題を確実に解くことができる。
キ	基礎的な問題は扱われる題材によってばらつきがある。

【問題量（スピード）】

ア	解くスピードが速く、ケアレスミスもない。
イ	解くスピードは速いが、ケアレスミスがある。
ウ	解くスピードは標準的である。
エ	解くスピードは遅いが、正確である。
オ	解くスピードが遅く、基本的な問題でも解けない。

【問題形式】

ア	マークシート式（誘導形式）の問題が得意である。
イ	記述式の問題が得意である。
ウ	特にマークシート・記述で得意、不得意はない。

【英語長文】

ア	医療系の長文が得意である。
イ	科学系の長文が得意である。
ウ	人文系の長文が得意である。

自分専用の合格計画を立てる

数　学

1.各分野について【得意3点、普通2点、苦手1点】で点数を記入してください。

	数　学																			
	代数系・解析系													幾何系				統計・確率		
	I	I	Ⅱ	Ⅱ	Ⅱ	Ⅱ	Ⅱ	Ⅱ	B	Ⅲ	Ⅲ	Ⅲ	Ⅲ	I	A	B	Ⅲ	I	A	A
分野	数と式	二次関数	式と証明	図形と方程式	指数関数・対数関数	三角関数	微分	積分	数列	いろいろな曲線	極限	微分法	積分法	図形と計量	図形の性質	ベクトル	複素数平面	データの分析	場合の数と確率	整数の性質
点数																				

2.各項目について、当てはまるものに○をつけてください。

【難易度】

ア	難しい問題も問題なく解くことができる。
イ	難しい問題は、時間をかければ、解くことができる。
ウ	標準的な問題を確実に解くことができる。
エ	標準的な問題は8割程度解くことができる。
オ	標準的な問題は分野によってばらつきがある。
カ	基礎的な問題を確実に解くことができる。
キ	基礎的な問題は分野によってばらつきがある。

【問題量（スピード）】

ア	解くスピードが速く、ケアレスミスもない。
イ	解くスピードは速いが、ケアレスミスがある。
ウ	解くスピードは標準的である。
エ	解くスピードは遅いが、正確である。
オ	解くスピードが遅く、基本的な問題でも解法につまずく。

【ケアレスミス】

ア	単純な計算ミスをする。
イ	題意を正確に捉えることができず、ミスをする。
ウ	勘違いによりミスをする。

【問題形式】

ア	マークシート式（誘導形式）の問題が得意である。
イ	記述式の問題が得意である。
ウ	特にマークシート・記述で得意、不得意はない。

STEP
2

051

化 学

1. 各分野について【得意3点、普通2点、苦手1点】で点数を記入してください。

分野	化　　学																		
	理　　論													無　機		有　　機			
	物質の三態	物質の構成	化学結合	物質量と化学反応式	酸・塩基	酸化と還元	物質の状態と変化	溶解平衡	化学反応と熱	電気分解	電池	反応速度	化学平衡	電離平衡	典型元素	遷移元素	炭化水素	官能基をもつ化合物	芳香族化合物	高分子化合物
点数																			

2. 各項目について、当てはまるものに○をつけてください。

【難易度】

ア	難しい問題も問題なく解くことができる。
イ	難しい問題は、時間をかければ、解くことができる。
ウ	標準的な問題を確実に解くことができる。
エ	標準的な問題は8割程度解くことができる。
オ	標準的な問題は分野によってばらつきがある。
カ	基礎的な問題を確実に解くことができる。
キ	基礎的な問題は分野によってばらつきがある。

【問題量（スピード）】

ア	解くスピードが速く、ケアレスミスもない。
イ	解くスピードは速いが、ケアレスミスがある。
ウ	解くスピードは標準的である。
エ	解くスピードは遅いが、正確である。
オ	解くスピードが遅く、基本的な問題でも解法につまずく。

【ケアレスミス】

ア	単純な計算ミスをする。
イ	題意を正確に捉えることができず、ミスをする。
ウ	勘違いによりミスをする。

【問題形式】

ア	マークシート式（誘導形式）の問題が得意である。
イ	記述式の問題が得意である。
ウ	特にマークシート・記述で得意、不得意はない。

自分専用の合格計画を立てる

生 物

1. 各分野について【得意3点、普通2点、苦手1点】で点数を記入してください。

分野	生物と遺伝子		体内環境の維持		多様性と生態系		生命現象と物質				生殖と発生					生物の環境応答			生態と環境	生物の進化と系統	
	生物の特徴	遺伝子とその働き	体内環境	免疫	バイオームの多様性と分布	生態系とその保全	細胞とタンパク質	酵素	同化・異化	遺伝情報とその発現	有性生殖	動物の配偶子形成	初期発生	誘導と器官形成	植物の発生	植物の環境応答	動物の反応と行動	個体群と生物群集	進化	系統
点数																				

2. 各項目について、当てはまるものに○をつけてください。

【難易度】

ア	難しい問題も問題なく解くことができる。
イ	難しい問題は、時間をかければ、解くことができる。
ウ	標準的な問題を確実に解くことができる。
エ	標準的な問題は8割程度解くことができる。
オ	標準的な問題は分野によってばらつきがある。
カ	基礎的な問題を確実に解くことができる。
キ	基礎的な問題は分野によってばらつきがある。

【問題量(スピード)】

ア	解くスピードが速く、ケアレスミスもない。
イ	解くスピードは速いが、ケアレスミスがある。
ウ	解くスピードは標準的である。
エ	解くスピードは遅いが、正確である。
オ	解くスピードが遅く、基本的な問題でも解法につまずく。

【問題の種類について】

ア	知識系の問題が得意である。
イ	実験考察の問題が得意である。
ウ	知識系・実験考察系の得意、不得意はない。

【問題形式】

ア	マークシート式(誘導形式)の問題が得意である。
イ	記述式の問題が得意である。
ウ	特にマークシート・記述で得意、不得意はない。

STEP 2

物 理

1.各分野について【得意3点、普通2点、苦手1点】で点数を記入してください。

物　　理																				
力　学								波　動			熱力学		電 磁 気 学						原　子	
分野	速度、加速度	平面上の運動	つりあい	運動の法則	エネルギー	運動量	単振動・円運動	天体の運動・方有引力	波の性質	音	光	比熱、状態変化	気体分子の運動	電場、電位	コンデンサー	直流回路	電磁誘導	交流	粒子性と波動性	原子核
点数																				

2.各項目について、当てはまるものに○をつけてください。

【難易度】

ア	難しい問題も問題なく解くことができる。
イ	難しい問題は、時間をかければ、解くことができる。
ウ	標準的な問題を確実に解くことができる。
エ	標準的な問題は8割程度解くことができる。
オ	標準的な問題は分野によってばらつきがある。
カ	基礎的な問題を確実に解くことができる。
キ	基礎的な問題は分野によってばらつきがある。

【問題量(スピード)】

ア	解くスピードが速く、ケアレスミスもない。
イ	解くスピードは速いが、ケアレスミスがある。
ウ	解くスピードは標準的である。
エ	解くスピードは遅いが、正確である。
オ	解くスピードが遅く、基本的な問題でも解法につまずく。

【ケアレスミス】

ア	単純な計算ミスをする。
イ	題意を正確に捉えることができず、ミスをする。
ウ	勘違いによりミスをする。

【問題形式】

ア	マークシート式(誘導形式)の問題が得意である。
イ	記述式の問題が得意である。
ウ	特にマークシート・記述で得意、不得意はない。

自分専用の合格計画を立てる

3 医学部受験は「過去問」に始まり「過去問」に終わる

STEP
2

志望大学の出題傾向を分析する

　志望大学合格へのスタートは「基礎固め」です。そのとき、志望大学の出題傾向を知っていれば、より効率良く「基礎固め」ができます。問題量が多い大学であれば、スピードへの対策、出題形式や頻出分野などを意識すれば、限られた時間をより有効に使うことができます。

　まずは、『全国医学部最新受験情報』(時事通信社) や『大学入試シリーズ (赤本)』(教学社) の出題傾向と分析のページをもとに、

①問題の難易度
②試験時間に対する問題量（スピード）
③出題形式
④頻出分野

などを把握したうえで学習計画を立てましょう。

　理想を言えば高校2年生が終わるまでに基礎固めを完了させたいのですが、実際には3年生になってからでも基礎の穴埋めが必要な人も多いと思います。その場合でも、遅くとも8月が終わるまでに、基本的な問題や典型的な問題であれば問題を見たらすぐに解法が思い浮かぶ状態にできるようにスケジュールを立ててください。

過去問演習で学習の方向性を明確にする

　基礎がしっかり固まった科目については、実際に志望大学の過去問を解くのが最も有効な分析方法です。特に高校生は浪人生に差をつけられないためにも早めに過去問演習に取り組んでほしいと思います。浪人生はすでに受験を経験しているので、実際の入試問題がどのようなものかをイメージすることができています。つまり、最終的に解くべきゴールとなる問題をイメージし、そのゴールを目指して勉強できるので、努力の方向性を明確にしやすいのです。しかし、高校生はそのゴールイメージがない状態であるため、努力の方向性が間違ってしまう危険性があります。

　もちろん、受験勉強のスタート時点では合格点とのギャップがかなり大きい状態かもしれません。問題を解くのに時間がかかりすぎて、制限時間内では半分も解けないかもしれません。それらも含めて、合格点にどれだけ足らないのか、何を克服しないといけないのかを考えましょう。克服するための入試実践レベルの問題集や出題形式別の問題集、特定単元に特化した問題集などを選んで、実践的な演習（応用レベル演習）を積み重ねるための計画を立てることが大切です。

　57ページの図では8月に1回目の過去問演習で、自分の志望大学合格に向けた課題点を洗い出し、9月以降の応用レベル演習の計画を立てる際に生かすというスケジュールになっています。応用レベル演習に入ってからは、月1くらいで過去問演習に取り組み、学習計画を実行した成果が表れているかを効果測定し、この先の学習計画の軌道修正をします。そうすることで、最短で合格するための効率の良い学習計画になるはずです。

自分専用の合格計画を立てる

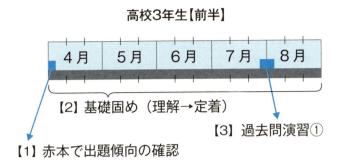

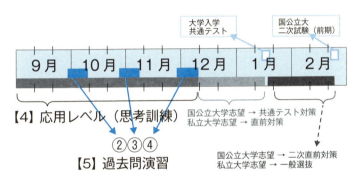

　過去問演習についてのさらなる具体的な活用法については、Step 6 で説明します。

先輩や医学部入試に詳しい先生に話を聞いてみよう

　参考書や問題集を選ぶ場合、志望大学に合格した先輩がいれば話を聞いてみると良いでしょう。私が教務統括を務めるメディカルラボには医学部入試に精通した講師がいるので、志望大学の対策にどの問題集を使えば良いのかなど、具体的にアドバイスができます。医学部入試に詳しい先生が高校にいれば、もちろん先生に聞くのも良いでしょう。志望大学のレベルや出題内容、出題形式に合った問題集が見つかれば、非常に効率的です（60～62ページに医学部入試用の使用教材の具体例を掲載しています）。

　受験生の中には、むやみやたらにいろいろな参考書や問題集に手を出す人や、難しい問題集を選んでしまい、理解が不十分のまま解法を丸暗記しようとする人もいるようですが、これでは必要な力がつきません。まずは基礎固めとして、自分の学力状況に合った問題集を1冊選んだら、それを何度も繰り返して解きましょう。あれこれ手を広げるよりも、1冊の問題集を確実に理解することが得点力のアップにつながるのです。**問題集は、載っている問題が解けるようにするためだけでなく、問題の解法を理解するために取り組むもの**です。ですから、問題集を選ぶときは、必ず手に取って解説が丁寧でわかりやすいものを選ぶことが重要です。

　基礎固めが十分にできたら、実践力・応用力を養成するための問題集に取り組みます。もちろん、志望大学の出題傾向に合わせた問題集を選びます。例えば、英語の長文では、出題される英文の長さが目安になります。問題集には『やっておきたい英語長文500』、『やっておきたい英語長文700』、『やっておきたい英語長文

1000』（以上、河合出版）など単語数が書いてあるものや、『1日20分の英語長文15』、『1日40分の英語長文10』（以上、河合出版）など時間の目安を表示したものもあり、志望大学の長文の長さに合わせた問題集を選ぶことができます。ただし、長文の内容が、「理系の分野に偏っている」、「医療系の分野から出題されやすい」というように、傾向がはっきりしている大学が多いので、『医学部の英語』（旺文社）や『私立医大の英語［長文読解編］』（教学社）などの長文の問題集も参考になります。英文法や語法問題がよく出る大学については、英文法の問題集として知られる『Next Stage（ネクステージ）』（桐原書店）や『GRAMMAR MASTER（グラマスター）』（Z会）などの基本的な問題集を仕上げたあとで、受験直前には単元の区割りがない『全解説実力判定 英文法ファイナル問題集』（桐原書店）や『ランダム総点検 英文法・語法 最終チェック問題集』（旺文社）で実践的に実力をチェックすると良いでしょう。

　数学でも、たくさんの基本的な問題、典型的な問題が掲載されている問題集をやる必要があります。高校でも予備校でも授業の時間は限られているため、大学入試にある程度よく出る問題を中心に授業で扱っているのですが、入試に必要なすべての問題の解説はできません。授業で扱わなかった解法を使って解かなくてはならない問題も、実際の入試では出題されます。ですから、『チャート式』（数研出版）、『フォーカスシリーズ』（啓林館）など、網羅系の参考書・問題集は自分の学力に合った1冊を決めてしっかりやっておく必要があります。

基礎固め期のテキスト【英語】【数学】

理解しやすい・暗記しやすい・網羅性があるものを。

学習参考書の選び方

基礎固め期（4 月～ 8 月）		
【ポイント】 全体を網羅し、図表などを用いて基礎をしっかり解説しており、理解しやすいものを選ぶこと。		
英語	単語	英単語ターゲット 1400 （旺文社）〈共通テスト、出る順〉 システム英単語 Basic （駿台文庫）〈共通テスト、ミニマルフレーズ〉 データベース 3000 （桐原書店）〈共通テスト、テーマ別〉 速読英単語入門編 （Z 会）〈共通テスト基礎、長文音読・リスニング〉 英単語ターゲット 1900 （旺文社）〈二次、出る順〉 システム英単語 （駿台文庫）〈二次、ミニマルフレーズ〉 データベース 4500 （桐原書店）〈二次、テーマ別〉 速読英単語必修編 （Z 会）〈二次、長文音読・リスニング〉
	文法語法	中学英語をもう一度ひとつひとつわかりやすく。（学研）〈基礎英文法の復習〉 総合英語 Evergreen （いいずな書店）〈高校英文法参考書〉 一億人の英文法 （東進ブックス）〈高校英文法参考書、ネイティヴ感覚〉 Next Stage 英文法・語法問題 （桐原書店）〈網羅系問題集、単元別〉 英文法・語法 Vintage （いいずな書店）〈網羅系問題集、単元別〉 スクランブル英文法・語法 （旺文社）〈網羅系問題集、単元別〉 英文法レベル別問題集 1 ～ 4 （東進ブックス）〈英文法問題集、レベル別〉
	長文読解	入門英文解釈の技術 70 （桐原書店）〈英文解釈、英文構造理解〉 大学受験のための英文熟考　上 （旺文社）〈英文解釈、英文構造理解〉 英語長文レベル別問題集 1 ～ 4 （東進ブックス）〈長文読解、レベル別〉 全レベル問題集英語長文 1 ～ 3 （旺文社）〈長文読解、レベル別〉 やっておきたい英語長文 300/500 （河合出版）〈長文読解、語数別〉 1 日 20/30 分の英語長文 （河合出版）〈長文読解、語数別〉
数学		白チャート （基礎と演習）（数研出版）〈基礎レベル、丁寧な解説〉 高校これでわかる数学 （文英堂）〈基礎レベル、カラフルな紙面〉 やさしい高校数学 （学研）〈基礎レベル、対話形式〉 黄チャート （解法と演習）（数研出版）〈標準レベル網羅系〉 Focus Z （啓林館）〈標準レベル網羅系〉 Focus Gold （啓林館）〈標準～やや難、網羅系〉 青チャート （基礎からの）（数研出版）〈標準～やや難、網羅系〉 カルキュール数学 （駿台文庫）〈計算力アップ〉 合格る計算数学 （文英堂）〈計算力アップ、計算テクニック〉

※それぞれレベルや特徴が異なるので、詳しくは先生に相談しましょう。

自分専用の合格計画を立てる

実践力・応用力養成期のテキスト【英語】

受験大学の問題形式に合わせた対策を！

学習参考書の選び方

実践力・応用力養成期（9月～12月）		
【英語のポイント】出題形式別の演習が有効。自分の受験する大学の出題傾向を確認しよう。		
参考書名（出版社）	出題形式	特徴
東大英単語熟語 鉄壁（角川学芸出版）	語彙力アップ	語源、派生語、語法、同義語、反意語、イラストなど情報満載。2冊目以降の単語集として。英単語のネットワークを築く。
Duo 3.0（アイシーピー）	語彙力アップ	こちらも2冊目以降の単語集として。熟語も多数掲載。派生語はもちろん、同義語、反意語の情報が豊富。最小限の例文で最大数の英単語・熟語を暗記できる。
システム英単語メディカル（駿台文庫）	医療系英単語力の強化	『シス単』の良さをそのままに医歯薬看護系志望者のために作成された英単語集。東邦大学など、医療系長文の出題が多い大学を受験する人向け。
ランダム総点検 英文法・語法最終チェック問題集（旺文社）	四択、整序などランダム形式	英文法・語法の単元学習を終えたらこの一冊。解答・解説がしっかりしており、実践演習をしながら、知識の整理ができる。
フラッシュ！速攻英文法（オー・メソッド出版）	フラッシュカード式	問題を切り離し、フラッシュカードとして演習できるのが特徴。ランダムに問題演習可能。ワンランク上の知識を身につけたい人向け。
英語整序問題精選600（河合出版）	整序英作文	整序英作文問題ばかり600題を掲載。1～3までレベル分けがされており、受験大学の問題レベルに合わせて演習が可能。
スーパー講義　英文法・語法正誤問題（河合出版）	下線部誤り指摘	下線部誤り指摘問題ばかりを集めた問題集。こちらもA～Cまでレベル分けがされている。医学部レベルならBまで仕上げておけば大丈夫だろう。
やっておきたい英語長文（河合出版）	語数別長文読解	掲載されている長文の語数が約300語、500語、700語、1000語の4種類。受験する大学の語数に合わせて選択し、その長さの長文に慣れておく。
1日○分の英語長文（河合出版）	語数別長文読解	20分、30分、40分があり、それぞれ上記「やっておきたい」シリーズの300、500、700に相当する。こちらのほうが扱われている長文が新しい。
関正生の英語長文ポラリス（KADOKAWA）	難易度別最新英語長文	入試の最前線に合わせて厳選した英語長文を掲載。長文の長さに捉われず、内容の難易度によって標準・応用・発展の3レベルを設定。
話題別英単語 リンガメタリカ（Z会）	テーマ別長文読解	英単語集ではあるが、Z会の速読英単語シリーズ同様、長文中で英単語を暗記。話題別でまとめられており、それぞれの話題の背景知識を得ることができる。
医学部の英語（旺文社）	医系長文	医療系長文を集めた長文読解問題集。医療系長文の出題の多い大学への対策用に。重要な医療系英単語を360語厳選している小冊子も役に立つ。
私立医大の英語 [長文読解編]（教学社）	医系長文	私立医学部で出題された医療系長文を集めた問題集。発刊が古く、出題傾向の対策にはなりにくいが、医療系長文の練習には役立つ。
これが英作文（河合出版）	英作文	英作文初学者向け。表現別の章立てになっており、重要表現やシンプルな例文がまとめられている。まずは汎用性の高い表現をインプットして基礎固め。
英作文のトレーニング（Z会）	英作文	はじめる編、入門編、実践編、自由英作文編の4種類。受験大学の出題難易度に合わせてトレーニング。

実践力・応用力養成期のテキスト【数学】

受験大学の難易度に合わせた対策を！

学習参考書の選び方

実践力・応用力養成期（9月〜12月）

【数学のポイント】難易度に合わせた演習が有効。自分の受験する大学の出題難易度を確認しよう。

参考書名（出版社）	難易度	特徴
Z会数学基礎問題集 チェック&リピート（Z会）	標準	網羅系の問題集で一通り典型解法を理解したあとで、繰り返し演習で定着を図り、標準レベルを完璧に仕上げる。
チョイス新標準問題集数学 （河合出版）	標準	模試レベルから医学部標準レベルへのステップアップに。典型解法を使いこなせるように仕上げていく。
理系数学 入試の核心 標準編 （Z会）	標準〜やや難	入試に向けた仕上げをするために用いる。解説が詳しいので、自分の答案と照らし合わせることで、記述式の答案作成力を向上させることができる。
大学への数学 1対1対応の演習（東京出版）	やや難	網羅系問題集で身につけた典型解法の理解を深める。「大数」ならではの鋭い切り口を学び、解法の幅を広げる。
理系数学の良問プラチカ （河合出版）	やや難	過去問演習に入る前の仕上げの問題集として。選りすぐりの良問を集めた問題集。分野によって若干難易度に差がある。
理系数学 入試の核心 難関大編 （Z会）	難	掲載されている問題数は少なめのため、網羅系のテキストを一通り終えた難関大を目指す受験生が、じっくりと思考力を鍛えるのに用いたい。
やさしい理系数学（河合出版）	難	名前に比して「やさしくない」ことで有名。別解が豊富で、問題に対するアプローチの仕方を多角的に学ぶことができる。
大学への数学 新数学スタンダード演習 （東京出版）	難	1対1対応からステップアップ。一通りの典型解法を使いこなせる人が、さらに上を目指すための問題集。数学を得点源にしている上級者向け。

④ 自分の学力と志望大学に合わせた学習計画を立てよう

実行できる計画作成のコツ

次に学習計画を立てるという段階に移りますが、最初から中・長期の計画を細かく立てすぎないようにしましょう。計画を立てる段階は、やる気に満ちていて「頑張ればなんとかできる」と考え、無茶な計画を立てがちです。その結果、数日のうちに、計画通りに勉強を進めることができなくなり、やる気もどんどん下がってしまいます。一度、気持ちが落ちてしまうと立て直すのは大変ですし、計画の修正も手間がかかります。

まずは、中・長期の計画を大まかに立て、それをもとに短期間（1週間）に絞った詳細な計画（Plan）を立てると考えてください。その後、詳細な計画に従って実行（Do）し、その成果を評価（Check）し、次の1週間の計画を立てる際に課題点を改善（Action）して、より実行可能で効果的な計画を立てるという流れになります。その後も計画（P）、実行（D）、評価（C）、改善（A）を繰り返し、どんどん計画をブラッシュアップしながら、医学部合格レベルの学力を身につけるための学習を進めていきましょう。この「PDCAサイクル」は医学部入試の世界でも大切な手法となっています。

基本的なレベルのテキストからスタート

　さて、メディカルラボでは、生徒一人ひとりの学力と志望大学に合わせて個別のカリキュラムをつくるのですが、これを、中・長期の学習計画の概要を考える際に参考にしてください。

　基礎の穴埋めをするために、その生徒の学力に合わせた基本的なレベルのテキスト（参考書・問題集）から始め、ゴールとなる大学入試レベルの問題に合わせたテキストへと進んでいきます。1年間を前期（4月～6月）、夏期（7月・8月）、後期（9月～11月）、冬期（12月・1月）に分け、目標に合わせたテキストで学力を伸ばしていきます。

　例えば、大阪医科大学志望のA君は、メディカルラボの学力分析結果（68～69ページ参照）にもとづいて、目標と使用するテ

キストを70〜71ページのように設定しました。A君の場合、英語、物理は6月まで、数学、化学は7月までに基礎固めをし、その後、実践レベルの問題演習で応用力を身につけ、11月以降、順次、直前対策に入っていく設定です。

問題集は3回以上繰り返す

　学習計画で取り組もうと決めた問題集は、3回以上繰り返して取り組みましょう。大切なのは丁寧に1回だけやるよりも何回も繰り返したほうがより定着度が高まるということです。しかし、何回も繰り返そうとすると、時間がかかるので、2周目、3周目はできなかった問題だけ取り組むことで、あるいは少し不安な問題だけで良いので、2周目は1周目の3分の1ぐらいの時間、3周目はさらにその半分ぐらいの時間ですませるなどの工夫が必要です。例えば新学年から夏休み前までの3カ月を考えた場合、最初の2カ月で1周目をこなし、次の3週間で2周目を終わらせて、最後の1週間で3周目に取り組むというイメージで良いと思います。1周目から完璧さにこだわって時間をかけすぎるよりも、2周目、3周目があるので「1周目は7割くらいの問題を自分で解けるようになれば良い」程度に考え、早めに全範囲をやるほうが効率よく進めることができます。

　例えばPart24まである1冊の問題集を2カ月間（8週間）で解くとすると、1週間で3パートというペースになります。ほぼ、2日間で1パートを解けば良いことになりますが、予備日をつくっておくことが大切です。具体的には、1週間の中で週末は予備日にあて、急な予定が入ってしまい、できなかった問題などをやる時間として確保しておきましょう。同時に、予備日は翌週の計画作成日と復習日としても活用します。

自分の学習スピードをつかんで計画の実行力を上げる

　まずは**予備日を計画作成日として活用**しましょう。前述の通り、詳細な計画を立てても実行できないと、どんどんやる気もなくなってしまいます。詳細な計画（P）は１週間単位で立てて実行（D）し、週末に評価（C）、改善（A）したうえで翌週の詳細な計画（P）を立てることで実行可能な計画ができます。最初から長期の細かい計画を立てるのではなく、大まかに１年の学習の流れを考え、そこから２、３カ月単位に分けて使用する参考書・問題集を考えます。その次に１カ月当たりの目安を立て、それを１週間の細かい計画に落とし込みます。また、週ごとの計画を立てる際は、自分の学習スピードを意識できるとなお良いでしょう。

　そのためには常に時間を計りながら学習に取り組み、自分の学習スピードをつかんでおきましょう。自分の学習スピードに合わせて計画を作成することで計画の実行力は上がります。なお、英語と数学は基本的には毎日取り組むように計画してください。合否に大きく関係する教科であることと、理科などに比べ理解すべきことや覚えることが多いですから、間隔を空けてしまうと効率が悪くなり、計画実行の妨げになる場合もあります。

　さらに、**予備日を復習日にあてる**ことも大切です。問題集を先に進めるだけでなく、特に苦手な科目・単元は何度も復習しないとなかなか定着しません。週末の予備日を復習日としておくことで、計画をより実行可能なものにするだけでなく、定着を意識した学習をすることができるのです。１カ月あたり４週間（28日）として、予備日を除いた計画実行日を週５日とすると実質20日間となりますから、月に８日間程度は進度調整と復習にあてる期間

自分専用の合格計画を立てる

となります。8日間の予備日のうち3〜4日は月末にまわし、1カ月の復習日にあてると、精度の高い学習ができます。

A君の学力分析結果　※メディカルラボ スタートレベルチェックテストにもとづく結果と分析

●プロフィール

生徒氏名	学 年
○○○ ○○	高卒生

学力プロフィール
進研偏差値：62　英語の得点にばらつきがあると感じている

志望校
大阪医科大学 医学部医学科

➡ 総合結果

英 語	数 学	化 学	物 理
142 /200	130 /200	60 /100	62 /100
71.0%	65.0%	60.0%	62.0%

➡ 科目別詳細

英語詳細(%)	語彙	文法・語法	英文解釈	長文読解	全体
中学	100.0%	80.0%	80.0%	100.0%	92.6%
高校	95.0%	60.0%	80.0%	60.9%	68.8%
受験	100.0%	50.0%	80.0%	40.0%	52.0%
全体	97.1%	64.0%	80.0%	64.0%	71.0%

文法・語法の定着ができていないために、長文読解を感覚で何となく読んでいる可能性がある。精読力を身につける必要がある。また、大阪医科大学は和訳と英作文のみの出題なので、とにかく早い時期からそれを意識して実際に「書く」練習を積むこと。

数学詳細(%)	中学範囲	数学Ⅰ			数学A		数学Ⅱ				数学B	
		数と式	2次関数	三角比	全体場合の数・確率	整数	方程式不等式	式と図形	三角関数	指数・対数関数	ベクトル	数列
基礎	100.0%	100.0%	100.0%	0.0%	100.0%	100.0%	100.0%	100.0%	100.0%	100.0%	100.0%	100.0%
標準		100.0%	0.0%	100.0%	0.0%	0.0%	0.0%	0.0%	100.0%	0.0%	100.0%	100.0%
単元計	100.0%	66.7%			50.0%		62.5%				100.0%	
応用		0.0%					0.0%					
合計	100.0%	54.5%					69.2%					

化学詳細(%)	化学基礎	化学			全体
		理論	無機	有機	
基礎	100.0%	50.0%	100.0%	100.0%	94.4%
標準	33.3%	50.0%	60.0%	77.2%	60.5%
応用	0.0%	0.0%	20.0%	12.5%	11.5%
単元計		28.6%	50.0%	64.7%	
全体	78.6%	52.8%			60.0%

解き方が抜けており、計算も苦手と思われる。理論の基本公式、用語の意味を定着させていこう。並行して無機の知識も入れていくこと。

※各科目において、レベルごとの設問数は異なります。

自分専用の合格計画を立てる

●志望大学のレベル

志望大学	大阪医科大学 医学部医学科					
	出題傾向・形式（2020年度）					B判定偏差値
科　目	英　語	数　学	化　学	生　物	物　理	進研模試
難易度	やや難	標　準	標　準	標　準	標　準	
分　量	適　量	適　量	多い	適　量	多い	78
形　式	記　述	記　述	空所補充・記述	空所補充・選択・記述・描画	空所補充・記述・選択	

※出題傾向・形式は『全国医学部最新受験情報2020年度用』より

> 科目のバランスを見よう。全科目6〜7割得点できている。科目間のバランスは良い。
> 学習時間比率は英:数:化:物＝3:3:1:1が良いだろう。

> 基礎は身についているようだが、解法が定着できていない。演習の時間を多くとることが必要。大阪医科大学はそれほど高度な解法を要求するわけではないが誘導問題が多い。証明問題が出されることも多いので、国公立大で出題されるような問題にも意識的に取り組んでおこう。

数学Ⅲ					全体
極限	微分	積分	式と曲線	複素数平面	
100.0%	0.0%	100.0%	100.0%	0.0%	85.7%
100.0%	0.0%	100.0%	100.0%	0.0%	50.0%
60.0%					
0.0%					0.0%
54.5%					65.0%

> 物理の基本事項はできているようだ。各単元の事項をしっかり学び、典型問題については、即座に解法が思いつくようになるまで繰り返し解くこと。

物理詳細(%)	力　学		熱力学		波　動		電磁気		原　子		合　計
	物理基礎	物　理	物理基礎	物　理	物理基礎	物　理	物理基礎	物　理	物理基礎	物　理	
基　礎	100.0%	100.0%	100.0%	0.0%	100.0%	0.0%	100.0%	100.0%	66.7%	0.0%	81.7%
標　準		100.0%		100.0%		0.0%		0.0%		0.0%	40.0%
応　用		20.0%									20.0%
全　体	68.4%		78.6%		42.9%		75.0%		28.6%		62.0%

069

A君の個別カリキュラム

●志望校：大阪医科大学 医学部医学科

●使用教材と到達目標

科 目			前期			
			4月	5月	6月	
英語	読解	テキスト	英語長文レベル別問題集③④⑤ 大学受験のための英文熟考上			
		目標	学力分析の結果を見る限り精読力不足が伺える。的確に文構造を捉えて精読できる力をつける。「感覚で何となく」ではなく文法にもとづいた精緻な読解を習慣づける。大阪医科大は和訳と英作文のみの出題なので、とにかく早い時期からそれを意識して実際に「書く」練習を積むこと。			
	文法	テキスト	Next Stage 英文法レベル別問題集②③④			
		目標	『Next Stage』を基本テキストとして、「文法」「語法」「イディオム」「会話表現」などの入試頻出項目を、全215の「Point」に沿って体系的に理解していく。また「レベル別問題集」を用いた問題演習を通して基本テキストで学んだ項目の定着を確認する。文法・語法力はできるだけ正確に「使える」域まで上げておくことが必要となる。			
数学	Ⅰ A Ⅱ B	テキスト	黄チャート 数学Ⅰ＋A／Ⅱ＋B			
		目標	学力分析の結果を見ると数Ⅰ・Ⅱ・A範囲の定着が不十分と言える。「黄チャート」を用いて公式などの基本項目や典型的な問題の解法を体系的に習得する。頻出の「数列」「ベクトル」分野を中心に、基礎例題・重要例題の解法までは使いこなせるようにすること。余力があればEXERCISESまで取り組んでおきたい。			
	Ⅲ	テキスト	黄チャート 数学Ⅲ			
		目標	「黄チャート」を用いて公式などの基本項目や典型的な問題の解法を体系的に習得する。頻出の「微積分」分野を中心に基礎例題・重要例題の解法までは使いこなせるようにすること。余力があればEXERCISESまで取り組んでおきたい。			
化 学		テキスト	セミナー 化学基礎＋化学			
			Doシリーズ			
		目標	「セミナー」を用いて基本的な化学用語や法則などについて学んでいく。体系的な知識の習得と、化学反応における個々の現象を論理的に説明できるレベルまで持っていくことを意識する。			
物 理		テキスト	セミナー 物理基礎＋物理			
		目標	学力分析の結果により「波動」「原子」分野の理解がやや不十分。「セミナー」を用いて基本的な公式や原理について再度学び直す。公式などは単純に丸暗記するのではなく、導出過程なども含めて本質的な理解に努めよう。			
補助テキスト			・総合英語Evergreen (英文法参考書)・英単語ターゲット1900 ・視覚でとらえるフォトサイエンス化学図録 ・大学JUKEN新書 化学反応式まとめとポイント／ 　無機化学の要点／有機化学の要点 ・視覚でとらえるフォトサイエンス物理図録			

自分専用の合格計画を立てる

年間カリキュラムを目安に長期（3カ月）→中期（今月）→短期（今週）というように学習計画を設定しよう

夏期		後期			冬期	
7月	8月	9月	10月	11月	12月	1月
やっておきたい英語長文300 1日20分の英語長文15		やっておきたい英語長文500 1日30分の英語長文15			過去問対策	
200〜400語程度のやや短めの長文問題に取り組み、前期までに身につけた精読のテクニックが定着しているかを確認する。		400〜600語程度の長文演習を通して、精読から速読へ移行するトレーニングをする。大阪医科大は800語弱の長文が出題されるので、200語を1分半以内に読み切る力をつけたい。				
		英文法ファイナル問題集 標準編 必修編 英作文のトレーニング/英文解釈ナビ			過去問対策	
		年間の仕上げとして単元分けのない問題集で総合演習を行う。また大阪医科大対策として「英作文」と「和訳」の演習を並行して行う。				
	チョイス新標準問題集 数学Ⅰ・A/Ⅱ/B				過去問対策	
	基本書で学んだ知識を基に、標準的な入試典型問題の解法を習得する。大阪医科大はそれほど高度な解法を要求するわけではないが誘導問題が多い。証明問題が出されることも多いので、国公立大で出題されるような問題にも意識的に取り組んでおこう。					
	チョイス新標準問題集 数学Ⅲ				過去問対策	
	基本書で学んだ知識を基に、標準的な入試典型問題の解法を習得する。大阪医科大はそれほど高度な解法を要求するわけではないが誘導問題が多い。証明問題が出されることも多いので、国公立大で出題されるような問題にも意識的に取り組んでおこう。					
		実戦 化学重要問題集			過去問対策	
		Doシリーズ				
		A問題から順に取り組み、様々な形式の問題に対応できる力をつける。典型頻出問題を繰り返し解き、「落としてはいけない問題」をミスなく正答できるレベルを目標とする。				
	良問の風 物理 頻出・標準入試問題集	名問の森 物理 力学・熱・波動I/波動II・電磁気・原子			過去問対策	
	『良問の風』で演習を積んでいく。典型問題については、即座に解法が思いつくようになるまで繰り返し解くこと。	じっくりと問題に取り組む時間をとる。『名問の森』を用いて見慣れない問題や難易度の高い問題にも対応できる実戦力を身につける。単に答えが出ればよいとは考えず、問題をしっかり読んで内容を正確に把握する習慣をつけておこう。				

実行可能な学習計画の立て方

使用する問題集を決めたら、学習計画を立てよう！

STEP1　問題集を決めたら、1週間で学習する分量を決める

①使用テキストを決める

　例）基礎英文問題精講　　全120題

②1週間ノルマを決める

3カ月あたり		1カ月あたり		1週あたり		
120題	➡	40題	➡	10題	＝	1週間ノルマ

STEP2　1週間ノルマをスケジュールに書き出す

科目	単元など（使用テキスト）	月	火	水	木	金	土	日
英語	単語（英単語ターゲット1400）	✓ section7	section8	section9	section10	section11	予備日	復習・模擬試験
	文法（Next Stage）	✓ 第14.15章	第16.17章	第18.19章	第20.21章	第22.23章	復習や次週の計画作成	
	長文（基礎英文問題精講）	46.47	48.49	50.51.52	✕ 53.54	55.56		
数学	数I（黄チャート）	基例26.27 ✓	基例28.29	基例30.31	基例32.33	基例34.35		
	数A（黄チャート）	基例24.25 ✓	基例26.27	基例28.29	基例30.31	基例34.35		
	数III（黄チャート）							

> 予定が入った！予備日に回そう

> この日は学校が早く終わるから、3題やれるぞ！

STEP3　次週の計画作成

土・日はできなかったパート、復習にあてる
無理をして詰め込み過ぎていたら、その都度見直そう

Step 3

合格に最も大切な基礎固めをする

1 基礎を固める勉強法を考え実践する

「理解」→「定着」で基礎学力を身につける

　医学部入試は難しいと言われますが、基礎がしっかり固まっているかどうかがきわめて重要です。応用問題（思考力・判断力・表現力を問う問題）は基本の組み合わせですから、基本をしっかり理解していて、それを使えるかどうかで、応用問題を解けるかどうかが決まってきます。そのため、基礎固めを完璧にしておくことが重要です。何事もそうですが、最初に自己流の間違った型がつくと、その後の修正が非常に難しくなりますので、基礎を固めるための勉強法を意識してください。成績の良い受験生ほど、基本的な問題を繰り返し丁寧に解いています。

　繰り返しますが、**学力をつけるためには、まずは自分のレベルに合った勉強をすること**です。誰でも得意科目と不得意科目があります。私が以前、教えていた集団授業の予備校の場合、入校時のテストや前年の模試の成績などでクラス分けされるのですが、全科目の総合点でクラス分けされるため、その受験生の得意・不得意は加味されません。結果として特に不得意科目では自分の学力レベルに合った学習ができなくなっていました。例えば、数学と物理は得意、英語は苦手という受験生がいたとすると、この受験生は他の受験生と比べ、苦手な英語では予習するときに知らない単語がたくさん出てきますし、知らない文法や構文も多く出て

合格に最も大切な基礎固めをする

```
基礎固めの順序

①正しく理解する
 ↓
②完全に定着させる
```

くるので予習に時間がかかります。こうなると復習の時間が十分に取れませんし、覚えるべきことも多すぎて消化しきれず、結局、苦手な英語が伸びないとなるわけです。

　成績が伸びないのは努力していないからではなく、単純に授業やテキストのレベルが合わないからということがよくあります。したがって自分のレベルに合った勉強をすることが、とても大事なことなのです。さらに「今の自分はこのレベルだからこういう力を身につけなければ」という目的意識を持ちましょう。
　今、自分がどのレベルの勉強をやらなければならないのかについては、3段階で考えます。まず第1段階が、基本的な内容、つまり基本的な問題の解法を理解するということです。第2段階は、理解した基本的な解法を定着させるということです。この2段階がしっかりできれば、基礎が固まった状態といえます。そのうえで第3段階の、思考訓練、すなわち応用力につながる思考力を身につける訓練に入ります。
　まずは**「理解」→「定着」でしっかり基礎固めをすることが重要**です。

075

「理解する」とは「説明ができるようにする」こと

　一生懸命勉強しているのに成績が伸びない受験生は、基礎がきちんとできていないのに難度の高い問題集ばかりやっていることが多いようです。

　応用レベルの難しい問題集は、基本的・典型的な解法を組み合わせて考える練習のためにつくられているので、基本的な問題や典型的な問題の考え方・解法を「理解する」ための勉強には向いていません。基本的・典型的な問題の解法を「理解する」ためにはシンプルな問題が良いでしょう。具体的には苦手な単元でも半分くらいは自力で解ける易しい問題集を選びます。それを、確実に理解できているかどうか確認しながら進めてください。公式の成り立ちや公式の使い方、典型的な問題の解法がなぜそうなっているのかを理解することを、特に意識してください。苦手な科目ほど「理解が難しいから、とりあえずパターンで覚えてしまえ」と丸暗記になりがちなので要注意です。たとえ基本的な問題がスラスラ解けているとしても、パターンの丸暗記では応用問題が解けるようにはなりません。

　丸暗記だけになっていないかどうかを見分けるには、どうしてこういう方法で解いたのか、自分の言葉で説明できるようにすることです。実際、メディカルラボのマンツーマン授業では、答えが合っていても、どうしてこの公式で答えが導き出せるのか、なぜこの公式を思いついたかなどを本人に説明させます。説明を聞けば、その受験生がどの程度、理解しているかがわかりますし、本人にも、まだ理解できていないところを気づかせることができます。

　自分で勉強しているときも、「この公式を説明できるか？」と

合格に最も大切な基礎固めをする

理解できている

自分の言葉で**説明できる**

考えることはできますし、人に説明するなどのアウトプットの作業をきちんと行うことで、本当に理解しているかどうかがわかると思います。

例えば、数学で授業の内容を理解しているかどうかを見るためには、問題を自分で解き直してみます。予備校の先生は説明が上手なので、聞いているとすぐにできそうに感じて、わかった気になりますが、これは先生が解いているのをなぞっているだけです。自分で一から考えて解答するのとは別物なので、解き直しや説明できるようにする「アウトプット」を行うことが、理解するうえでは重要です。復習するときも、ノートの見直しだけではなく、アウトプットの作業が大事になるのです。

授業でノートを取るときは、人に説明するという意識で書くと理解が深まるので、先生の板書をただそのまま書き写すのではなく、大事なポイントを自分自身に説明するつもりで書くと良いでしょう。

「定着」は「瞬時に解法が浮かぶ」まで繰り返し復習！

　数学であれば、『チャート式』（数研出版）などの網羅系の参考書や問題集を使って、すべての単元の基本例題や重要例題を一つひとつ説明できるかどうか確認します。その確認作業が終わってから解法を定着させる作業に入ります。スタート時に設定した基本的な参考書や問題集ならば、苦手な単元でも問題を見たらパッと解法が思いつくようになるまで取り組みましょう。このくらいまで取り組んでおかないと、応用的な問題を解くときに使える知識にはなりません。しかし、繰り返しになりますが、わかっていないのに解法パターンを丸暗記で覚えてしまうのは危険です。解法を他人に説明できるというところまで確認したうえで、定着させる作業に入ってください。

　本質的に理解し、定着させるためには、先述した「問題の解き直し」や「解法を思い出す」などのアウトプットの作業を何回も何回も繰り返し行うしかありません。少なくとも3回は取り組んでほしいですし、時間が許せば5回以上取り組んでください。忘れかけたときに、アウトプットをしたりテストを受けたりして思い出す作業を繰り返すことで、定着率は飛躍的に高まります。また、苦手な単元があれば、もう一度戻って理解する必要があります。もちろん、最初から完璧にやろうと思う必要はありません。繰り返し取り組む中で、定着率を高めていけば良いのです。Step 1に出てきた東京の御三家と呼ばれる難関私立医科大学に合格した生徒は、『チャート式』の苦手な単元を20回以上解き直したそうです。

　基礎固めをするときに用いる基本の参考書や問題集に書いてあることは、すべて大事なことなので、片隅に書いてあることも含め、隅々まできちんと目を通してください。

合格に最も大切な基礎固めをする

完全定着 ➡ 瞬時に解法が浮かぶようになるまで
繰り返し 復習 する

インプット（ノートを見直す、覚える）
よりも
アウトプット （解き直す、類題を解く）
を重視!!

② 教科別 基礎を固める勉強方法

英語の基礎を固めるための勉強方法

　英語の基礎力を固めるうえで大きな柱となるのは**語彙力、文法力、長文読解力**の3つの力で、これに**英文解釈力、英作文力、発音・アクセント力**などが加わります。これらの力を組み合わせた総合力が得点に反映されるため、英語の学習においては総合力を地道に上げていく必要があります。

　まず語彙力ですが、基本的に暗記の範疇に入ります。暗記ものは英単語に限らず、「質よりも回数」。何回同じ単語に触れられたかが勝負です。英単語集に3周ほど取り組んで「単語が覚えられません」という人がいますが、3周で全部覚えられたら天才です。10周、20周と繰り返さない限り覚えられないものだと考えてください。使用する英単語集は、自分のレベルに合ったものから取り組んでください。諸説ありますが、中学校で習う英単語が1,500〜2,000語（a, the, this, doなども含む）、高校で習う英単語が3,000語程度（create, creation, creativeなどの派生語も含む）です。ここまでの4,500〜5,000語で大学入学共通テストは十分に対応できます。あとは志望する大学によってプラスアルファが必要になります。

　中学レベルの単語が心配な人は、まず中学レベル（高校受験用）の英単語集からスタートしましょう。高校レベルは大丈夫だという人は「大学入学共通テスト用」と銘打った英単語集から、大学

合格に最も大切な基礎固めをする

入学共通テストレベルの単語まで自信のある人は、いわゆる「大学入試用」として書店に並んでいる英単語集からスタートしてください。

　最初の頃に覚えた単語の記憶は残っていないのが普通なので、**繰り返し同じ単語に触れて、短期記憶を中期記憶へ、中期記憶を長期記憶へ変えていかないと定着は図れません**。そこで、毎日100語の英単語に「触れる」ことをお勧めします。2,000語の見出し語であれば、20日間で1周できます。1年あれば、十分に10周以上できる計算です。ポイントは100語に「触れる」ことで、100語を「覚える」わけではないということ。本気で100語を完璧に覚えようと思ったら、それなりの時間が必要で、英文法も長文も勉強しなければいけないし、他科目の勉強もある中、英単語だけに毎日時間を割くわけにはいきません。ところが、100語に「触れる」程度のことなら10分もあればできてしまいます。以上のように、とにかく同じ英単語に触れる回数を増やして、語彙力を鍛えていきましょう。

　82ページに「英単語を覚えるコツ」を挙げておきます。

　気をつけたいのは、英単語集だけで覚えようと思わないことです。英単語の学習と並行して、英文法の勉強や長文の勉強も当然しているわけです。英語に触れるすべての機会で英単語を習得してください。長文中で覚えた英単語のほうが、強い印象を持って記憶にとどまりますし、生きた英単語が身につきますから。Z会の『速読英単語』のシリーズは、この方法に特化した英単語集です。

　英文法もどちらかと言えば暗記の範疇となりますが、単語と違って「理屈」が存在します。**正解を導くために考えるべきポイントとなる理屈は、必ず理解するようにしましょう**。最初は文法単元ごとの学習になります。英文法の参考書に目を通して、それぞれの単元のポイントを理解し、暗記すべき点を整理します。でき

れば例文を暗誦しながら、各文法事項のポイントを習得すると良いでしょう。「名詞」「代名詞」「冠詞」「接続詞」「前置詞」など品詞分類による単元は、細かい規則が多いので大変ですが、一度は参考書に目を通しておいてください。

　参考書を読んでポイントを理解・整理できたら、単元ごとの問題集で演習し、インプットした知識をアウトプットして定着を図ります。問題にもレベルの違いがあります。まずは選択問題で演習し、単純なポイントを定着させます。次に整序問題でレベルアップを図ります。基礎段階であればここまでで十分ですが、意欲があれば和文英訳問題で仕上げておくと万全です。

英単語を覚えるコツ!!

- 最初から英単語集に書かれているすべての情報に目を通そうとしない。最初は一語一義で、英単語と太字や赤字で書かれたメインの意味だけに目を通す。

- 発音、アクセント、品詞は必ず確認する。これをしないと発音、アクセント問題で苦労することになるし、長文を読む際の文構造把握にも苦労する。

- 目で見るだけでなく、音で聞く。多くの単語集には付属のCDがある。スマートフォンのアプリを利用して音声を聞けるようになっている単語集も。

- 隙間時間を最大限に活用する。英単語をチェックするのに机に向かう必要はない。10分程度の隙間時間は一日の中にいくらでも転がっている。うまく活用すれば、毎日100語どころか、200語、300語に目を通すことも可能。

- 一語一義で定着してきた英単語は周辺情報もチェックする。派生語や例文にも目を通す。

- 長期記憶として定着してきた英単語には印をつけて、覚えるべき英単語の絶対数を減らしていく。こうすることで周回ペースをどんどん上げていくことができる。

- 10周以上しても覚えられない英単語は、単語カードをつくったり、紙に書いて覚えたり、語呂合わせにしてみるなど、最後の一踏ん張りをしてみる。

英語長文は精読から徐々に速読にシフトしよう

　英語の学習を始めたばかりの段階では、語彙力や文法力を伴っていないため、英語長文の学習を進めても表面的な学習になってしまいます。そこで、自分のレベルに合った英語長文の選択が重要になります。レベル別でシリーズ化されている長文問題集であれば、自分のレベルに合った問題集を探しやすいでしょう。

　英語長文演習の入り口は「精読」です。わからない英単語の意味を調べ、SVOC（主語、動詞、目的語、補語）や、句や節などを丁寧に分析し、一文一文、和訳を考えていきます。

　「精読」がある程度進んだら、「速読」にシフトしていきます。「速読」といっても何も特別なことをするわけではなく、

①英文構造を書き込む手間を省く
②返り読みをなくし、英語の語順のまま処理する脳回路を構築する
③同じ文章で音読を繰り返し、英文に対する反応速度を上げる

といったところです。①、②は精読の段階で完成しつつあるので、③を意識することが重要となります。

　英文解釈系に分類されるテキストは、英語長文を読む際に、英文法で学んだ知識を活用する方法を学び、受験必須の英文和訳問題に対応する力を養うものです。グローバル時代の要請から、「教養英語から実用英語へ」の流れの中、短い英文を吟味することよりも長い英文を処理する力が重視される傾向にあります。英文和訳問題が出題されない私立大医学部もありますが、依然として英文和訳問題を出題する国公立大医学部もあり、英文解釈の学習が必要です。ただし、以前ほど難しい英文を和訳させる出題は少な

くなってきているので、あまり時間をかける必要はなく、英語長文を学習する中で、複雑な英文を解釈する力も養っていくと良いでしょう。

　記述形式の私立大医学部と国公立大医学部では、英作文が出題されることが少なくありません。英語→日本語の学習時間に比べ、日本語→英語の学習時間が圧倒的に少ない受験生がほとんどです。基礎段階ではいきなり大学入試レベルの英作文に取り組むのではなく、英文法の参考書に掲載されている例文の暗記から取り組んでください。自信のない人は、高校入試の英作文問題集を活用しても良いでしょう。文法事項の大半は中学校で学びます。時制や主述の対応、冠詞や名詞の単複まで意識して、高校入試レベルの英作文を書けるようになれば、あとは多少の高校英文法と構文や語彙の知識で、大学入試の英作文にも対応できます。

　また、一部の私立大医学部では、発音・アクセント問題が出題されます。直前になってテキストを購入し、つけ焼き刃の対策をする受験生も多いのですが、英単語は先述したように、日頃から英単語を覚える中で、発音・アクセントも身につけていくのが最良の方法です。現在は単語集とリンクしたスマートフォンのアプリがあり、音声で手軽に発音・アクセントの確認ができます。

数学の基礎を固めるための勉強方法

　数学の基礎力は「計算力の養成」と「典型的解法の理解・定着」によって完成します。

　まずは計算力ですが、身につけるべき力を整理してみると①**速く解く力**と②**正確に解く力**に分類されます。

　①の速く解く力を身につけるためには、何よりも継続的に数学

合格に最も大切な基礎固めをする

に触れることが大切です。計算の処理能力は時間が空くと必ず鈍ってしまいます。そのため、1週間に1回1時間の計算練習をするよりも、1回10分の計算練習を毎日繰り返したほうが大きな学習成果を得ることができます。特に「数学が苦手」という人は、数学の学習をしない日をつくらないようにしましょう。仮に学校の宿題がないような日であったとしても、10～15分程度、計算問題に取り組むようにしてください。毎日継続的に触れることで数的センスが向上し、計算速度は見違えるほど向上します。

　次に②の正確に解く力ですが、これを身につけるポイントは暗算に頼りすぎずに手を動かすということです。よく、速く解くことを目的として、暗算を多用したり、途中計算を書くのを省略したりする人がいますが、これらは大きな誤りです。筆算を使うと時間がかかると考えがちですが、実際には下手に暗算をしたほうが、時間がかかることが多いのではないでしょうか。また、筆算や途中計算をしっかりと残すことによって、あとで「見直し」をすることができます。計算ミスをしない人はいません。

　では、計算力のある人とそうでない人の違いは何でしょうか。私は**「計算力のある人＝自分のミスに気づいてリカバリーができる人」**だと思います。見直しによってミスを見つけて修正できるようにするためにも、筆算や途中計算は決して省略すべきではありません。これらを書くことは①の速く解く力と相反するものではないのです。このような考えから、私は2桁どうしのたし算・ひき算、2桁×1桁のかけ算、1桁の数でわるわり算以外は、暗算は使わず必ず筆算を使うように指導しています。

　なお、正確さを向上させるために、計算ミスをしてしまったときにその原因や種類をしっかりと分析するようにしましょう。たし算・ひき算の際の繰り上げ・繰り下げのミス、移項の際の符号のミス、乱雑な字を書いてしまったための見まちがいなど、ミス

といってもいろいろな種類のミスがあります。これらを一括りに「ケアレスミス」と捉えているうちは、絶対にミスはなくなりません。ミスをなくすためには、自分がどのようなミスをしやすいのか、その傾向を把握して、意識してなくす努力に取り組んでいくことが重要なのです。そのため、メディカルラボでは受験生の皆さんに「ケアレスミスノート」というものを配布し、受験生のミスの内容を書き留めて分析し、同じようなミスを繰り返さないように意識してもらう、といった取り組みを行っています（186ページ参照）。

　次に、実際に問題を解けるようになるために大切なのが、典型的な問題に対する解法を理解して身につけることです。問題を解くために必要な要素としては**「公式」**と**「解法の方針」**の2つがあります。

　まずは公式ですが、これは言わば「答えを簡単に出すための道具」です。例えば、中学校でも習った2次方程式の解の公式 $x = \dfrac{-b \pm \sqrt{b^2 - 4ac}}{2a}$ は複雑な式変形をしなくても、方程式の係数を代入するだけで答えが出せるといった道具です。道具ですから、単に丸暗記をするだけではなく、その使い方と、それを使う場面をあわせて理解しておく必要があります。先ほどの解の公式であれば、「x^2 の項の係数を a、x の項の係数を b、定数項を c としてそれぞれ代入する」というのが使い方です。また、「2次方程式の解を求める」というのが、公式を使う場面です。このように、公式は必ずその使い方と使う場面をあわせて覚えるようにしましょう。

　次に解法の方針ですが、これは「問題を解くための設計図」のようなものです。やみくもに問題に取り組んでも正しい答えに到達するのは難しいですから、まずはどうすれば自分が持っている道具（公式）を使えるようになるのか、設計図をつくるのです。

086

前出の2次方程式を例に説明すると、2次方程式の中には（　）を含むなど複雑な形をしたものがあります。それらに対して解の公式を使おうと思ったら、まずは「式を変形して、$ax^2+bx+c=0$ の形に整理する」と考えて計算を始めますよね。これが、設計図（解法の方針）です。

実際に高校数学を学習する際には、『チャート式』（数研出版）や『Focus Gold』（啓林館）といったテキストを用いていると思います。これらのテキストの「例題」には、典型的な問題が取り上げられています。数学の基礎力を固めるためには、まずはこれらの例題やその類題に取り組んでください。その際には必ず、「どのような設計図をつくって、どの道具を使うのか」、つまり「どの公式を使うために、どのような解法の方針を立てているのか」を理解することを心がけましょう。

また、「なぜその道具（公式）を使おうと考えたのか」という視点を持つことも大切です。これらを確認するために、問題を解き終えたあとには、解説を読みながらじっくりと解法についての振り返り（フィードバック）をしてください。メディカルラボの生徒によく言うことなのですが、「問題を解き終わったあとが、本当の学習」です。問題を解くのにかかった時間と同等の、もしくはそれ以上の時間をかけて、その問題で使った公式や解法の方針についての分析を行ってください。

典型的な問題の解法が理解できたら、次に目指すべきことは、問題を見たときに「ここはこの解法が使える」と即座に判断できる瞬発力を身につけることです。そのためには繰り返し問題に取り組むことが何よりも有効です。何度か手を動かして解いたことのある問題であれば、問題を見て解法を頭に思い浮かべるだけでも効果はあります。例えば定期テスト前に最後の確認で復習をしたいときなどは、このような手法を学習に取り入れてみてください。

化学の基礎を固めるための勉強方法

　化学で医学部合格レベルに到達するためには、基礎事項の**「理解と定着」**が不可欠です。最終的に入試問題で合格点を取るためには、当たり前のように理解し使いこなせる範囲を広くしておく必要があります。理解はしていても定着が弱く、試験のたびに頭をひねって考えているようでは試験時間内に解き切ることができなかったり、ケアレスミスを頻発したりします。また、丸暗記で知識や解法の定着はできていても、理解が浅ければちょっとした問題内容の変化に対応することができなくなってしまいます。**「理解したうえで瞬時に使えるように定着させる」**ことが大変重要になってきます。

　また、化学学習の難しさとして、数学や物理のように理論・理屈・考え方・計算を中心とする部分（主に理論化学）と知識・系統分類・暗記（主に無機化学・有機化学）を中心とする部分があり、その両軸を揃えないと高得点を見込めないという面があります。常にこれらを意識して化学の学習を進めていくことがカギとなってきます。では、具体的にどのような学習方法で進めていけば良いのでしょうか。

　化学の基礎を固めるために準備するものは基本的には2つだけです。**教科書**（または教科書の代わりとなる参考書）と**基礎〜標準レベルの問題集**です。使用する問題集は高校で教科書傍用として配布される『セミナー化学基礎＋化学』（第一学習社）、『リードα化学基礎＋化学』（数研出版）などでかまいません。ただし、基礎固めの段階では、発展・応用問題は飛ばしておきましょう。これらを1単元ごと進めていくと良いでしょう。まずは教科書を読みます。完璧である必要はありませんが、書いてある内容を理解しながら読んでください。教科書にあまり興味が持てない人は、

図やイラストを多用し、噛み砕いた話し言葉で書かれている参考書を代わりに使ってもかまいません。1単元の内容をいったん頭に入れたら、次に問題集に取りかかります。一度教科書を読んだだけなので、すぐに解けるわけはありません。知識もないのに考えても時間の無駄になるので、この段階ではわからなければ割り切って解答を確認しましょう。

ただし、解答の確認を単なる正誤チェックで終わらせてはいけません。**必ず解説を熟読し、教科書・参考書の該当部分をもう一度読み直すなどして理解を図ってください**。この学習サイクルを繰り返すうちに徐々に知識が定着していきます。最終的に掲載されている基本問題であれば、問題を見たらすぐに確実に解ける状態を目標としてください。

繰り返す回数は人によりますし、単元にもよるでしょう。最初の数周は時間がかかりますが、理解、定着、暗記が進むにつれて、短時間で一周できるようになります。基本となる教科書、問題集と併用して活用したいのが一問一答式の問題集と資料集（図説）です。「理解したうえで定着」と言いましたが、定着させるには努力が必要です。通学時間などを活用して、何度も繰り返さないと記憶に定着していきません。そのためにはコンパクトな一問一答式の問題集が役立ちます。語呂合わせなども紹介されているので、上手に活用して知識の定着を図りましょう。『一問一答 理系のための化学（化学基礎・化学）ターゲット』（旺文社）や『化学基礎・化学 一問一答 完全版』（東進ブックス）などがお薦めです。また、分子の構造や実験器具の各部の名称や使い方、沈殿物の色など具体的なイメージで捉えたほうが覚えやすいものは資料集（図説）を活用してください。右脳タイプの人は、イメージを活用したほうが効率よく覚えられると思います。

とにかく**基礎ほど大切**です。教科書レベルの内容、なかでも土台となる知識や考え方を身につけることが重要となります。中学

校の理科で学ぶ化学の内容は、限られた物質、限られた化学反応、限られた計算が対象となるので、丸暗記を中心とした学習でも何とか対応できます。しかし、高校で学ぶ化学は、扱う物質の種類も反応の種類も多く、計算も複雑です。原子の構造や結合の仕組み、化学反応の仕組みやプロセスなど**理解しながら定着**させ、**応用できる土台を築いて**いかないと対処できません。

　基礎レベルが固まっていないのに、標準レベル、応用レベルと難度を上げて学習を進めると、表面的な丸暗記になってしまい、結局は定着できず学習効率が悪くなってしまいます。多少時間がかかっても、基礎レベルは自信が持てるまで繰り返して理解と定着を図り、**人に説明できるようになる**ことを心がけましょう。

生物の基礎固めのための勉強方法

　生物の学習において最も核になることは、**基本的な用語や仕組みを正確に理解し、確実に暗記すること**です。各単元の生物現象は、仕組みや発現の仕方に縦横の「つながり」があるので、覚えることは多いものの、この「つながり」が理解できていれば定着は早くなります。ですから、生物の基礎を固めるためには、教科書（または教科書の代わりとなる参考書）を読むことが一番の基本になります。まずは教科書を章ごとにしっかりと読んで内容を理解しましょう。その際に、文章だけを読み進めるよりも、図などを併用しながら確認していくと理解がしやすくなります。例えば腎臓における「ろ過」や「再吸収」を学ぶ際には、『スクエア最新図説生物』（第一学習社）などの資料集に掲載されている図を用いて、教科書の文章に書かれている「血液から原尿へとこし出される物質の流れ」や「原尿から血液へと再吸収される物質の流れ」を視覚的にも捉えましょう。その後、再度自分の頭の中で

物質の流れをイメージ化することによって、文章を読んだだけのときとは比べものにならないくらい理解度が深まります。

　各単元の内容をおおむね理解できたと感じたら、次は教科書の章末問題や『セミナー生物基礎＋生物』（第一学習社）、『リードα生物基礎・生物』（数研出版）などの教科書傍用問題集の基本問題を解きながら（発展・応用問題は飛ばしておく）、覚えるべきことを覚えるとともに、本当に理解ができているかを確認します。その際には、ただ単に答えを覚えるだけではなく、**他の人に語句の意味や問題への考え方を説明できるくらいまで理解をする**ことを目標としてください。基本問題だからといって軽んじるのではなく、スラスラと解けるまで繰り返し解くこと、そしてそのことを通して、各単元の内容や生物現象をそれぞれストーリーのように、自分の言葉で説明できるレベルまで理解を深めることを意識して学習してください。

　なお、初めて生物を学習する場合、次々と新しい情報をインプットしていく必要があり、最初の頃に学んだことを忘れてしまうことがよくあります。それを防ぐためにも、**教科書の章ごとに学習を進めながら、２～３章前の内容について教科書傍用問題集の基本問題を解き直す「復習」を同時に進めることが重要**です。また、知識の定着に不安がある受験生には、『必修整理ノート生物基礎（生物）』（文英堂）のような市販のサブノートなどを使って学習内容をまとめる作業や、一問一答式の問題集を通学などの隙間時間を使って繰り返すなどをお勧めします。

　生物の計算問題が苦手という人もいると思いますが、単純に計算そのものが苦手というよりも、式の立て方や公式の使い方がわからないということが多いのではないでしょうか。これは、公式の成り立ち・意味、公式の元になる生物現象そのものの理解不足が原因になっていることがほとんどです。公式や計算方法を丸暗記しているだけでは、典型的な問題には対応できても、少し条件

や問われ方が変わると通用しません。また、呼吸やアルコール発酵の反応式が書けない、DNAの複製・転写・翻訳の仕組みがきちんと理解できていない、運動神経の興奮から筋収縮までの流れが説明できない、など、生物現象そのものを正確に理解していなければ当然ながら式は立てられません。それだけではなく、現象そのものの理解不足は、計算問題以外の知識問題や考察問題においても致命的です。したがって、公式や解法を丸暗記するのではなく、**公式そのものの成り立ち・意味や使い方、そこで扱われている生物現象をしっかりと理解して立式する**姿勢を身につけることが重要です。

　生物学は科学でありながら多様性が極めて高い学問です。普遍性や再現性が求められるのが科学の原則ですが、生物学の場合は、適者生存という進化論（ダーウィニズム）をベースにしつつも、進化の過程で偶然そうなったという生物現象も少なからずあります。そのような非合理的な現象も含めて多種多様な生物現象を進化の結果の物語として捉え、その中に共通性を見出していく柔軟な姿勢が必要です。

　また、生物学のもう1つの特徴としては、分子レベルで細胞の特徴を学び、地球レベルで生態系を学ぶというように幅広い階層性があります。それぞれの階層間の関連を意識しながら、「木を見て森も見る」という姿勢で学んでいくことも重要になります。

物理の基礎を固めるための勉強方法

　物理は、苦手意識のある人にとっては、理系科目の中で最もとっつきにくい科目ではないでしょうか。高校物理は力学の単元から始まりますが、可視化できない「力」というものを自分の中でイメージしたうえで、さらに計算等の処理をしなければならない

ことが、そのとっつきにくさの原因と思われます。苦手意識を克服し、物理の基礎力を身につけるためには、以下の3つのステップで学習を進めてください。

①イメージを明確化する
②公式・法則の使い方を理解する
③物理の計算処理に慣れる

これらについて、力学分野を例に挙げながら説明をしていきます。
物理の問題を読んだ際に、まず真っ先にやってもらいたいことが**「イメージの明確化」**です。少し細かい話になりますが、物理の問題では対象としている物体に外部から力（外力）がはたらいている場合と、対象としている物体のグループ内でお互いにおよぼしあう力（内力）しかはたらいていない場合では、式を立てるときの方針が大きく異なります。そのため、問題を読んだらまずはどのような力がどちら向きにはたらいているのかを図中に矢印（ベクトル）で書き込む習慣を必ずつけましょう。また、「物体Aが物体Bを右向きに押す力」「物体と床の間にはたらく進行方向と逆向きの摩擦力」といった具合に、それぞれの力の種類と向きを言語化してみましょう。このように、**目には見えない力というものを、矢印（ベクトル）という形で可視化し、言語という形で具体化すること**が、物理の問題を解いていくうえでの一番の土台となります。

次に、公式・法則の使い方を確実に理解します。「公式・法則の使い方」と表現すると、文字式で表現されたそれらを暗記して、ただ数字や文字をあてはめれば良いと考える受験生が多いようですが、大切なのは**「どのような場面で公式・法則を使うのか」**を理解することです。例えば、「物体にF_AとF_Bの2つの力がはたらいていて、物体が静止（または等速直線運動）している場合」に

は、２つの力がつりあっていることになり、『力のつりあいの公式$F_A = F_B$』を用いて立式をすることになります。また、同じく「物体に一定の大きさのF_AとF_Bの２力がはたらいていて、物体が運動している場合」には、F_AとF_Bの合力Fによる等加速度運動をしていることになりますから、『運動方程式$F = ma$』を使った立式になります。このように「○○なので□□の公式・法則を使う」といったように、言葉で説明できるようになることこそが「公式・法則の使い方を理解する」ということです。また、正確に公式や法則を使えるようにするためには、まずは教科書などを使ってその成り立ちや意味を正確に理解することが不可欠です。なお、熱力学の分野では、公式を導き出す過程そのものを問う問題も多くの大学で出題されています。

　ここまでの２つが物理の基礎を身につけるための大きな柱となることなのですが、同時に、物理を学ぶ多くの受験生が苦労をするポイントでもあります。どうしても自分ではうまくイメージがつかめない、立式の方針が立てられないという場合には、マンツーマン授業などできめ細かなレクチャーを受けたほうが、物理に対して最初に感じる壁を越えて、効率的・効果的に学習をすすめられるでしょう。

　最後に、「物理の計算処理に慣れること」も重要です。物理では、文字を用いた煩雑な計算を求められることが多々あります。これはとにかく慣れていくしかありません。そのためにも普段から、途中の計算を省略せずに、速く正確に手を動かしながら計算する練習をしましょう。むろん物理だけでなく、数学の学習をする際にも同じことを意識すべきです。

合格に最も大切な基礎固めをする

 教えて！可児先生
基礎固め編
 column

Q. 医系の英単語を覚える必要はありますか？

**A 答えはYes。
けれど、優先的に覚える必要はありません。**

　国公立の単科医科大や私立大医学部の入試では、毎年のように医療系の長文を出題する大学もあります。特に東邦大学では、専門的な内容・語彙を含んだ医療系長文が出題され、難解な語彙にも脚注がつきません。しかし、その他の大学では専門的な語彙には脚注がつきますし、文脈から「これは体の部位を示していそうだな」、「これは何かの病名だな」くらいは類推でき、設問の解答には影響しないことがほとんどです。したがって、一般的な英単語集で一般的な語彙力を鍛えることのほうがずっと重要です。

　とは言っても、infection（感染）、artery（動脈）、embryo（胎児）程度の英単語は知っていてほしいですし、「病気」を表す語として、disease ／ sickness ／ disorder ／ ailment などの英単語が使われることは勉強しておいてほしいところです。「治療」という意味でも、treatment ／ therapy ／ care ／ cure ／ heal ／ remedy などの英単語が使われます。医療系の単語集まで購入して勉強する必要はありませんが、過去問演習に入った時期に、長文中で出てくる医療系単語については意識して覚えてください。

　繰り返しますが、『英単語ターゲット1900』（旺文社）などの一般的な単語集をしっかり仕上げることのほうが大切です。そのうえで、多少の医系単語は覚えておいたほうが得策です。

　メディカルラボでは全私立大医学部の過去8年分の英語入試問題をAI（人工知能）に分析させ、頻出英単語を抽出し、さらにメディカルラボの講師の目で精査した「医学部受験生のための英単語」3055語を厳選しました。この単語を効率良く覚えるためのAIアプリもあります。

教えて！ 可児先生
基礎固め編
column

数 学

Q. 計算間違いが多いです。どうすれば良いでしょうか？

A. 計算を得意にする特効薬はありません。
でも、対処法はあります。

　計算力は、医学部を目指すうえで必須です。しかし、多くの受験生が計算間違いで苦労する姿を見ます。また、「わかっていたけれど計算で間違えた」等の声もよく聞きます。

　計算を得意にする特効薬はありません。計算問題を多く解くことで計算力自体を上げる方法や、時間を計って計算問題を解き、計算スピードを上げる等の方法があります。これらはすべて正しい方法といえますが、一朝一夕で身につくものではありません。

　上記の方法は計算力自体の向上を狙った方法です。ここでは視点を変えて、計算力を上げるのではなく、計算による失点を防ぐテクニックのようなものについて話してみましょう。

　例えば、「式変形を行う場合、1行につき1回しか四則計算をしない」というルールを設けてみます。実は、計算間違いの大半は暗算を行う際に発生しています。式変形を行う際、ついつい「分母を払う」、「移項する」、「2乗する」等を一気に暗算で行いがちです。これを1行目「分母を払う」、2行目「移項する」、3行目「2乗する」と3行に分けて記載して式変形を行うだけで、暗算で行っていた箇所が筆算で行われるので、計算間違いを減らせます。さらに式変形のたびに検算もでき、計算の精度がさらに上がります。

　また、計算を時間無制限でできれば間違いも減るでしょう。すなわち「計算時間」を増やす方法ですが、「計算スピードを上げる」のではなく、「解法に至る時間を減らし、計算時間を増やす」方法もあります。「いやいや、考える時間をそんなに減らせないよ」と思われるかもしれませんが、「わかっていたけれど計算で間違えた」というあなたは、「わかる」ことはできているのです。それなら、苦手な「計算」のスピードを上げるのではなく、得意な「わかる＝解法に至る」時間を短縮できれば苦手な「計算」を補えるはずです。

　ここに挙げた方法はあくまで一例ですが、自分の状況に合った計算間違いの減らし方を考えていくと良いでしょう。

Step4
合格を決める思考力・応用力をつける

① 応用問題が合否を分ける

応用とは基礎の組み合わせであり、積み重ねである

　医学部入試では難度の高い応用問題の出来が合否を分けます。では、応用問題を自力で確実に解けるようにするためにはどのような勉強をする必要があるのでしょう。
「応用力」とは出題に『応』じて、基礎知識や公式、基本的な解法・定理などを『用』いて解く『力』であると言い換えることができます。つまり、応用問題というものは基礎知識や基本的解法を組み合わせれば解けるように作成されています。
　ですから、応用問題を解くときに使用する武器（①基礎知識）はすぐに使えるように常にメンテナンスしておく必要があり、応用問題を解く時期でも、苦手な単元などは基本的な問題集で繰り返し復習し直すことも大事です。
　さて、応用問題を解くためには①基礎知識の他に②補助知識も必要な場合があります。では、『補助知識』とはどんなものでしょう。

> 応用力　＝　①基礎知識　と　②補助知識
> 　　　　　を組み合わせて考える力
>
> ①基礎知識・・・単語・熟語・文法・構文、
> 　　　　　　　　公式・定理・基本的な問題の解法…など
> ②補助知識・・・問題を解くときに①を生かすための知識

合格を決める思考力・応用力をつける

　ここでは、2020年度の埼玉医科大学の実際の入試問題を使って『補助知識』の説明をします。

　本年の埼玉医科大学の英語は、試験時間80分ですべてマークシート式の解答、出題は大問6題となっています。内容は文法問題が1題、残りの5題は長文読解で、長文の単語量は5題、合わせて約2,250語でした。設問数は57問で、単純計算で1問当たりの解答時間が1分30秒弱となります。実際は長文を読む時間が必要となるため、文法問題についてはできるだけ短時間で解き終えて、時間的余裕を持ちたいところです。

　英語の文法問題については、正確な知識とそれを活用する『補助知識』をマスターしていれば、瞬時に解答できる問題が少なくありません。では、実際の入試問題で確認してみましょう。

---

1 下の問い（問1〜10）に答えよ。

【A】（　　　　）に入る語句として最も適切なものを、
下の①〜④のうちからそれぞれ1つずつ選べ。

問5　The last bus （　5　）, I had to walk home.
　　① went　② had going　③ having gone　④ had gone

（2020年度 埼玉医科大学 一般前期 英語）

　大問1の［A］の問5ですが、瞬時に解答を導き出すことができるでしょうか。入試に向けての学習が浅い受験生の解き方を見ていると、多くの受験生が問題文を和訳するところから始めます。

　「最後のバス（ああ、最終バスのことか）が（　　　　）、私は家まで歩かなければならなかった。」ということは、「最終バスが行ってしまったので」ってことだな。

　①〜④は全部goの変形かぁ……。でも、「行ってしまった」

099

っていう訳がぴったり当てはまるから、完了形になっている
④が正解かな?!

　残念ですが間違いです。多くの英文法問題で問われているのは、
意味内容の部分ではなく、英語の文法的な運用を理解しているか
どうかです。したがって、和訳からのアプローチはあまり得策で
はありません（もちろん、接続詞の問題など、意味内容から解答
を導き出すタイプもあります）。この例では、和訳したあとで文
法知識を用いて、完了形になっている選択肢を選んでいますが、
これでは文法知識を上手く生かし切れていないのです。文法問題
には最初から文法知識をフル活用し、そして**上手く活用するため
の『補助知識』を獲得しておく**必要があります。

　受験を意識した学習に取り組み、プロの英語講師に指導を受
けていれば、「1文1動詞」の原則を聞いたことがあるはずで
す。残念ながら、他の文法知識に比べて、「1文1動詞」の原則は、
一般的な英文法参考書で重要項目として扱われていません。いわ
ば、入試問題を解くうえでの『補助知識』です。さらに言うと、「1
文に2つ以上の動詞部分が存在するのであれば、接続詞に相当す
る機能を持った語句や文構造が必要である」、という『補助知識』
を必要としています。

【接続詞に相当する機能】
　①接続詞
　②関係詞
　③分詞構文

　これは、大学入試に携わるプロの英語講師であれば、必ず指導
する『補助知識』です。この『補助知識』を活用すると、先程の
問題は次のようにアプローチすることになります。

100

合格を決める思考力・応用力をつける

> （まず選択肢を見て）goがいろいろな形で活用されている
> な。「時制」の問題？　「分詞構文」の可能性もありそうだな。
>
> ↓
>
> なるほど、The last bus（主語①）とgo（動詞①）、I（主語②）
> とhad to walk（動詞②）の組があるわけね。ということは、「1
> 文1動詞」の原則に従い、接続詞相当の語句の存在が必要に
> なるわけか。
>
> ↓
>
> でも、接続詞も関係詞も見当たらないということは……、
> ズバリ「分詞構文」!!
>
> ↓
>
> この選択肢で正しく分詞構文の形になっているのは③しか
> ないから確定!!

　このように文法知識を生かして考えると、迷いなく短時間で正
答を導き出すことができます。

　述語動詞の選択において、主語や時制、態、自動詞・他動詞な
どの区別、動詞の語法などを考えて解答を導き出すのは、受験英
語においては当たり前のセオリーです。

　こういったセオリーは各科目にあり、これらを受験用の参考書
や予備校などでしっかり身につけておくことも重要になります。

　特に、出題形式別の問題集には、その出題形式の問題を解くの
に必要な補助知識が載っています。**志望大学の出題形式に合わせ
た問題集で効率良く補助知識も身につける**と良いでしょう。

101

●思考力＝試行力（試行錯誤学習）

　私は、「思考力」は試行錯誤の「試行力」だと受験生に話しています。この試行の流れは次の通りになります。

第１段階　情報や式を整理する

　応用問題では設問に合わせて立てた式がとても複雑だったり、問題文が長く内容がつかみにくかったり、初見の実験で実験結果が複雑でわかりにくかったりすることもあります。

　そのような場合は、式や情報を整理し、考える切り口を見つけやすくするところから始めます。

　例えば、「複雑な式を整理してわかりやすくしたり、グラフや図に表して視覚化したりする」とか「複雑な実験データは、基準となる対照実験を決めて、比較する表をつくって整理する」とか、科目ごとに複雑な出題を考える糸口をつかむための工夫があります。まずは、これを意識的にできるようにしましょう。

第２段階　意識的に仮説を立てる

　思考力を要する問題では、実際の入試の場面でも、与えられた情報、資料、データなどから、「チャートのあの基本例題の考え方を使えそうだ」とか「セミナー化学のあの計算問題の考え方が使えそうだ」というように、自分なりの仮説を立てて考えを進めることになります。ですから、できるだけ速く・正しく仮説を立てられるようにする必要があります。そのため、思考力を要する問題に取り組むときは、まず「仮説」を立てて考えるようにしましょう。

　「仮説」の立て方としては、次の３つの型があります。

① 積み上げ型
与えられた文章・資料・データからどの解法を使ってみるかを考える。
② 逆算型
ゴール（求められていること）から逆算してどの解法が使えそうかを考える。
③ 俯瞰型
出題者の意図（何についての知識・理解を見ようとしているのか）を考える。

　上記の①と②を組み合わせたり、①と②の間にどんな解法を組み込めばこの2つの間がつながるかを考えたりするなど、思考の流れをフローチャートにすると明確になります。①と②だけで考えに行き詰まったときは、③の出題者の意図を意識すると切り口が見つかるかもしれません。Step 1で紹介した東京の御三家といわれる難関私立医科大学に合格した生徒も、もともとは数学が苦手でしたが、レベルの高い問題集に取り組む際、問題を解くだけでなく、実際にフローチャートを書きながら、問題を解く流れを整理する練習を積むことで、劇的に応用力を伸ばしたという例もあります。

第3段階　立てた仮説を検証する

　仮説を立てて問題を解いたあとは、自分の仮説の考え方を検証することで、より早く正しい仮説を見つける糸口を確認します。
　例えば、自分が立てた仮説が正しかった場合は、

(1) 問題に与えられた情報・データなどのうち、何がこの仮説を思いつく糸口になったかを確認する。
(2) 自分が考えた糸口以外にも、この仮説につながる情報・デ

ータがあるかを確かめる。

　などをして、他の問題を解くときに使えるようにするための準
備をしましょう。
　また、間違えた場合も、

(1)　自分の仮説を思いつく糸口になった情報・データを確認する。
(2)　正しい考え方の解法には、どの情報・データを使ったのか
　　を確認する。
(3)　(1)と(2)を見分けるポイントを整理する。

　というように考えます。実は、自分の仮説が誤っていたときの
ほうが、間違えやすいポイントも確認できるので、今後正しい仮
説を立てるための情報が多く得られるはずです。間違えたことで
自分はだめだと否定的に考えることはありません。間違いに向き
合うことで、確実に思考力は身についていきます。
　このように、**1.整理する** → **2.仮説を立てる** → **3.検
証する** を繰り返すことで思考力を要する問題への対応力を確実
に高めていくことができるのです。

　思考力を身につけるために使う問題集は、おおよその場合、分
量がそれほど多くありません。
　例えば、物理では『名問の森 物理 力学・熱・波動Ⅰ』『名問の
森 物理 波動Ⅱ・電磁気・原子』(以上　河合出版)があるのですが、
2冊合わせても136問ほどです。この問題の考え方がしっかり身
につけば、医学部レベルの物理の出題であれば、合格点をとれる
力がついているはずです。
　ですから、思考力の訓練にかけられる時間をこの問題量を参考
に設定し、思考問題を解くために必要な**①基本知識**、**②補助知識**

を定着させることにしっかり時間を使えるようにしてほしいと思います。何度も繰り返しになりますが、これらの定着は、丸暗記ではなく、必ず「正しい理解」を伴った定着になるよう、丁寧に取り組んでください。応用力は基礎を確実に身につけたうえで意識して訓練しないと、習得できません。ですから、医学部入試だからといってやみくもに難しい問題集に手を出すのではなく、まずは**①基本知識**と**②補助知識**の理解と完全定着にしっかり取り組んでほしいと思います。

　また、応用レベルの問題になると論述・記述式で解答するものが多くなります。医学部に合格するためには「合格答案作成」も意識して学習を進めてほしいと思います。たとえ答えが合っていても、その過程を説明する記述が式の羅列になっていたり、証明問題で説明が不十分だったりすると減点されてしまう場合もあります。また、化学や生物でも200字や400字で論述・記述させるような問題がありますが、考え方は正しいのに、答案作成（論述・記述）がうまくできない人もいます。こういった受験生は、答案作成力（論述力・記述力）を身につける必要があります。出題に合わせ**①答案に表記すべき内容を整理**し、**②論理的に構成を組み立てる**ことを意識して、答案作成の練習をしてください。特に、論述・記述問題の解答の仕方に不安がある受験生は、採点基準を意識した答案の書き方や、減点されない答案の書き方、つまり、「合格答案作成」の仕方を、専門の講師に添削指導してもらうことをお勧めします。自分が書いた答案を修正してもらいながら、表記すべき情報の整理の仕方や論理的な構成の組み立て方を指導してもらうことで、短時間で効率良く論述力・記述力を身につけることができます。

　そういう点でもマンツーマン授業は特に応用レベルの学習に向いているといえます。マンツーマン授業であれば論述・記述問題

の答案の添削指導も毎回確実にできます。

　また、集団授業では、たとえ少人数だとしても思考力・応用力について講師から教えてもらえることは限られています。こうした授業では講師から受験生への「一方向」の指導となるため、模範となる考え方や解法を一方的に提示することしかできず、受験生一人ひとりの思考プロセスの課題点を講師が把握し、それを直接修正することができません。思考力が必要な問題の解説授業を受けたとしても、その解法をただ覚えるだけでは、他の問題に応用することはできません。講師の解説から、どのようなプロセスを経てこれらの解法の組み合わせを導き出したのかを考え、そのプロセスを再現できるようにしなければいけないのです。
　しかし、集団授業で一方的に伝えるだけでは、受験生は考え方のプロセスを自分で再現することを意識できないまま、講師の解法を覚えてしまおうとすることが多いのが現実です。それではどんなにわかりやすい授業を受けても、思考力は伸ばせません。本来は、授業を生かして、受験生自身で試行錯誤を繰り返しながら思考力を伸ばす練習をする必要があるのです。だからこそ、「思考力＝試行力」とも言えるのです。マンツーマン授業は講師が直接、受験生の思考のプロセスを修正したり、また、考える切り口を見つけるための新しい視点を教えます。受験生一人ひとりの試行学習をサポートすることができるので、思考力・応用力を身につけるのに圧倒的に適しているのです。

合格を決める思考力・応用力をつける

② 教科別 応用力を身につける勉強方法

英語の応用力を身につけるための勉強方法

　基礎固めの学習習慣が身について軌道に乗ってくれば、着実に英語力がアップし、少々読み応えのある長文を読んでもへこたれることなく読み通せるようになってきます。しかし、医学部入試レベルの英語に対応するためには、さらなる思考力や応用力の育成が必要になります。

　英単語については、基礎固めを続ける中で、大学入学共通テストに対応できる程度の語彙力はつきます。ここまでの英単語学習は、中心となる意味、品詞、発音・アクセントを覚える学習でしたが、ここからは、**周辺の意味、派生語、同義語、反意語なども意識して覚えていきましょう**。初期段階は情報量の少ないシンプルな単語集がお薦めですが、応用段階ではもっと活用範囲の広い単語集を使ってはどうでしょうか。例えば、『システム英単語』（駿台文庫）は「ミニマルフレーズ」を売りにしていて、例えばvividという英単語を覚えるために、have vivid memoriesというミニマルフレーズを掲載しています。これにより vivid と memory という単語のコロケーション（よく使用される単語と単語のつながり）を理解し、英作文などでも活用できます。また、『DUO 3.0』（アイシーピー）という単語集は、派生語、同義語、反意語などの情報が充実しています。1つの単語を、広がりを持って覚えることができ、私立大医学部で出題される同義語選択問

題にも強くなります。この段階になれば当然ですが、接頭辞、接尾辞、語幹もできるだけ意識して効率良く語彙力を強化していきましょう。

英単語学習の応用編

・中心だけではなく周辺の意味
・派生語
・同義語
・反意語

これらを意識的に覚えよう！！

単元ごとの英文法問題の習得が終われば、単元別ではない総合的な英文法・語法問題に取り組み、思考力や応用力を鍛えていきましょう。最近は、単元の枠を取り払った問題集が増えました。代表的なものに『英文法ファイナル問題集』（桐原書店）や『ランダム総点検 英文法・語法最終チェック問題集』（旺文社）があります。英文法・語法問題の応用レベルでつまずく原因は、①どの単元のどの知識を活用して正答を導けば良いのかわからない、②いくつかの知識が複合的に絡んでおり、ポイントを1つ見抜いても別のポイントでつまずいてしまう、という点です。最初のうちは正答率が上がらなくて当然なので、気にしないでください。それよりも、間違えた問題からしっかり学んでいきましょう。解けなかった原因をはっきりさせ、自分が見逃していたポイント、習得できていなかった知識を確認し、次に類題に出合うときに備えてください。このような演習を続けていけば、徐々にポイントを見抜く目を養えるとともに、細かい文法知識や例外、出題率の

合格を決める思考力・応用力をつける

低い語法、イディオムなどの知識も強化できます。

　長文読解の勉強を続け、「精読」レベルから「速読」レベルに実力が上がってくると、待ちかまえているのが、「日本語訳はできるのに、文章内容がわからない」という壁です。英語の長文を読解するという作業は、単に英単語やイディオム、英文法や語法の知識だけでできるものではありません。難度が上がってくると、難解な日本語の文章を読む場合と同じことが生じます。書かれている文章内容に対し、背景知識を持たないが故に、内容がまったく入ってこないという問題です。馴染みのない話題、興味のない話題、抽象的な内容、比喩の多用された文章、行間を自分自身で埋めながら読まないといけないような英文など、**自分の言語能力を超えて英語の文章を理解することは困難**です。

　このような壁にぶつかったら、遠回りに思うかもしれませんが、**いろいろな文章に触れて背景知識を増やしながら読解力を磨いてください**。英語長文でよく扱われる題材について、経済・環境・医療・心理学などのテーマに親しむという視点で書かれた『話題別英単語 リンガメタリカ』（Z会）という問題集などを活用してみてください。英文を読む時間がなければ、解説や日本語訳部分を読むだけでも勉強になります。また、医学は自然科学の一分野となるため、医学部入試では自然科学系の論文や、ずばり医療に関する長文が出題されます。『Science』や『Nature』などの科学誌を英語で読むなどすると、背景知識も英語力も身につきます。

＜英語の読解力＞

文章の土台となる　背景知識　が武器になる

また、医療系の長文ばかりを集めた長文問題集も何冊か出版されていますから、コツコツと背景知識を増やしてください。
　さらに入試問題で合格点を取るためには英語力（読める、書ける）を磨くだけでなく、出題に対する答えを早く適切に選ぶ練習も必要です。読解した英文や資料の中から、①答案作成に必要な情報を選ぶ、②事実と意見を区別する、③情報のつながりを理解する（A：まとめる、B：具体化、C：因果関係、D：比較・整理など）、④与えられた情報から推測するなど、答案作成に必要な力をつけることを意識して練習をしましょう。こうした練習は、2021年度入試から新たに始まる大学入学共通テストの英語の対策としても重要です。

志望大学が固まったら過去問で実践練習を

　英文和訳、英作文や内容説明・要約などの論述・記述式の答案作成の対策は、**先生による添削が有効**です。「自然な日本語になるように和訳しなさい」、「ネイティブが使う自然な英語で表現しなさい」と言われても、受験生自身にその判断はできません。通信添削を活用するのも良いですが、できれば高校や塾・予備校の先生に頼って添削をしてもらいましょう。なぜならば、通信添削の課題が受験する大学の出題に合わないこともありますし、身近な先生であれば、受験する大学の出題に合わせた問題演習ができ、添削だけでなく直接アドバイスをもらえるメリットからです。また、同じ問題に対する添削を何度も繰り返すことができ、得点につながる答案を作成する精度が上がります。どうしても自分だけで進めざるを得ない場合は、入試レベルの実践的な問題集を用いて、自分の書いた和訳・英訳と模範解答として掲載されている和訳・英訳を見比べて、ポイントを習得していきましょう。

[答案作成]
・英文和訳
・英作文
・内容説明
・要約

➡ 必ず先生の添削指導を受けよう！

　同じ英単語でも文脈によっては単語集に記載のない訳され方をしているかもしれません。「過去時制だ！」と自信を持って書いた英作文の模範解答が「現在完了時制」になっているかもしれません。そういった細かい部分を随時修正して、レベルアップを図っていきましょう。また、英語長文を読む際に、「この表現は英作文で使えそうだな」、「この単語はこんな意味もあるのか」など、**意識的に和訳・英訳に生かせる知識を増やしていきましょう。**

　すでに明確な志望大学があるのであれば、遅くとも夏くらいに一度、実際の試験時間に合わせて過去問を解いてみましょう。そのときの自分の実力から、「合格するには何を鍛えなければならないのか」を冷静に分析します。すると、「語彙力が必要だ」、「英文法・語法の知識を強化しなければ」、「イディオムの勉強が足りない」、「長文を読むスピードを上げないと間に合わない」など、それぞれ課題が見つかるはずです。明確な志望大学が決まっていなくても、ここは受験するだろうという大学が数校はあるはずなので、2〜3校ピックアップして過去問を解いておくと良いでしょう。

　秋になり、模試の結果も続々と出揃うと、そろそろ具体的な受験大学が決まってくるはずです。英語は大学ごとに問題形式の違いがあるため、できるだけ効率良く対策したいものです。例えば、私立大の医学部10校を受験するとして、マークシート式の大学8

校、記述解答形式２校であれば、和訳や英作文の力を鍛えるよりも、速読のスピードを鍛える演習が必要です。また、マークシート式の８大学中、整序英作文は８大学すべてに出題され、下線部誤り指摘問題が２大学しか出題されていないのであれば、整序英作文の対策に力を入れるべきです。

　過去問を活用する意義は２つあります。１つ目は**決められた試験時間内にいかに効率良く点数を稼いでいくかの練習**です。しっかり時間を計って問題演習に取り組み、効率良く点数を取るための解答順序などを工夫してください。500語程度までの英語長文であれば、一気に本文を読んでから内容一致問題に取り組んでも、全体の内容が把握できるかもしれませんが、1,000語を超えるような英語長文であれば、段落ごとに設問を解くなどの工夫をしないと効率が悪くなります。２つ目は、**実際の入試問題のレベルに慣れる練習**です。市販の問題集に掲載される問題は、効率良く学習できるように問題が厳選されています。一方、実際の入試問題は、解答しやすい問題ばかりではありません。内容一致問題で非常に紛らわしい選択肢が含まれていたり、複数の項目が絡んだ文法問題が出題されていたり、これまで経験したことのないものも出題されます。インプットした知識を自由自在に使いこなせるようになるためには十分にアウトプットして、ポイントを見抜く目を養う必要があります。過去問演習でもそのような目を養うことを継続してください。加えて、大学によっては英語長文の内容や設問に特徴があり、複数年度の過去問を演習することで対応力や得点力を上げられるケースがあります。過去問を使った演習に入ってからも、常に使い慣れたテキストに戻って理解を深めたり、知識を補ったりといった地道な学習も続け、それらの理解・知識の集合体である入試本番の問題に対応できる力を養ってください。

112

数学の応用力を身につけるための勉強方法

　数学の応用とは、基本的な定理や定石の組み合わせを考えるということです。与えられた条件（問題文）と、求められているゴール（答え）に対して、普通は条件から順番に「これができる」とたどっていくのですが、逆にゴールから推測して「答えを出すためには、この定理や定石を使おう」と考える方法もあります。ゴールから逆算して、与えられた条件をそれに近づけていくという順序だてをする力を身につけることが、応用力の習得につながります。

　そのためには、まず、与えられた条件から答えまでの流れをつくることを意識しながらの学習が必要です。標準からやや難レベルの問題を解いて、思考の組み立て方をトレーニングするのですが、問題を定理や定石レベルに分解して、それをフローチャートにすると、問題を解くイメージが固まります。「最終的には○○を求めることになるので、その前に必ず△△を使うことになる」や、「この条件からこれを使えば解ける」という流れをつくることが大切になってきます。このためにも、いきなり計算を始めるのではなく、フローチャートの図をつくってみたり、補助として表をつくってみたりするなど答えを出すまでの道筋を明確にし、記述式答案を意識したノートづくりを行う必要があります。

　とはいえ、数学が苦手だという受験生は、なかなかこの部分が

＜数学の応用力＞

基本的な定理・定石を組み合わせて考える力

一人ではできません。これこそが、マンツーマン授業の予備校が手を差し伸べられるところです。集団授業の場合、あらかじめ教える側が考えた流れを一方的に伝えるだけで、聞く側からすると、どういう発想をするとこういう流れになるのかがなかなか見えてきません。どういう順番で解いていくのかはわかりますが、なぜこの発想をしたのかという理屈は見えてこないのです。本来は、その部分が重要で、「自分はこう考えたのだが、この考えはまずいのか」、「こう考えてきたが、ここで止まってしまった。何が足りなかったのか」などの疑問を講師にぶつけながら、丁寧に教えてもらうのが理想なのです。ゴールは1つですが、途中の道筋は複数あるので、「絶対的にこのやり方でないとダメだ」ということはありません。

　ただ、数学が苦手な受験生の中には、考え方の道筋がたくさんあるからこそ、そのルートの立て方でつまずく人もいます。「自分の考え方と、ゴールにたどり着く正しい考え方の相違点」や、「足りないところはどこなのか」、「何があれば解けたのか」ということを、直接講師に質問して教えてもらいましょう。その繰り返しが、「こういう発想をすれば解けるのだ」という思考力を身につけることにつながっていきます。

　最後に過去問に関してですが、ただ過去問を解くだけではあまり効果がありません。過去問に取り組む一番の目的は、大学ごとの出題傾向、具体的に言うと問題の難易度、頻出分野、出題形式などを把握することですが、さらに重要なのが**全体の問題量をしっかり把握すること**です。私立大医学部のマークシート式の問題はもちろんのこと、記述式の問題でもかなりの情報処理速度が求められるので、1問解くのに必要な時間を具体的に考え、それを目安として一つひとつの処理時間のスピードを上げるということを考えます。ただ、スピードを上げるために雑に処理しては本末転倒です。途中式や図・表を書くことや、筆算などを省略して、

114

時間を縮めようという発想は決してしてはいけません。スピードが求められているからこそ、丁寧に解く必要があるため、時間を計ったうえでスピードを意識した解法の練習を行います。まずは計算処理のスピードアップだけでなく、解法を思いつくまでの時間を短くすることを中心に学習を進めると良いでしょう。

「少ない条件から最適な答えを出しなさい」という出題をする大学については、より深い思考ができるようにトレーニングをする必要があります。とりわけ国公立大医学部では証明問題を出題する大学が多いので、証明問題に対するアプローチを練習しておかないとなかなか歯が立ちません。自分が受ける大学はどういう傾向の問題が出やすいのかを把握するためにも過去問を解いてください。過去問に取り組む中でわからないところがあれば、もう一度基本に立ち返ってやり直すということを繰り返してください。

この積み重ねが合格点を取るために必ず役立ちます。

化学の応用力を身につけるための勉強方法

化学の基礎固めのところで知識の理解と定着の重要性をお伝えしましたが、医学部入試に対応するためには、さらに身につけた知識を活用できるようになることが求められます。より具体的な表現をすると、

①知識を整理し、組み合わせて使う力
②情報を整理し、必要な知識を選択してあてはめる力

の2つを身につけましょう。

まず、①知識を整理し、組み合わせて使う力ですが、有機化学

で頻出の「構造決定問題」を思い浮かべていただくと、どのようなことかイメージしやすいのではないでしょうか。構造決定問題とは、例えば物質の分子式 $C_aH_bO_c$ が与えられた（もしくは計算により求めた）うえで、さまざまな実験操作の結果からその物質の構造を決定していく問題です。これらの問題を解くためには、

(1) 炭素原子Cと水素原子Hの個数の関係性から、不飽和結合・環式構造の有無を調べる。
(2) 実験結果などから、物質に含まれる官能基の特定や構造の特徴を把握する。
(3) 考えられるすべての構造パターンを列挙する。

といった、段階をふまえての検証が必要になります。特に（2）の段階においては、複数の知識を思い出したうえでそれらを組み合わせて用いることが求められます。

例えば、分子式が $C_7H_{14}O_2$ で表される化合物Aに対し、「水酸化ナトリウム水溶液を加えて加熱し、さらに塩酸で処理する」という操作が行われていれば「"加水分解"がおこり2種類の化合物BとC（飽和アルコールと飽和カルボン酸の組み合わせ）が得られる」という結果を思いつかなければなりません。加えて「この操作で生じた化合物Bに対してヨウ素と水酸化ナトリウム水溶液を加えて加熱し、さらに塩酸を加えると、黄色の沈殿および化合物Cが生じた」という結果があれば、

①「化合物Bに対し"ヨードホルム反応"がおこった」⇒「CH_3 $-CH(OH)-$ の構造を持つ」
②「化合物Cが生じた」⇒「化合物Cは化合物Bよりも炭素原子が1個少ないカルボン酸である」
と続きます。

以上より化合物Aは、「プロピオン酸CH_3-CH_2-COOH（化合物C）と2－ブタノール$CH_3-CH(OH)-CH_2-CH_3$（化合物B）からなるエステルである」と把握しなければならないのです。

このように複雑な処理手順とそれに対応できるだけの思考力・判断力が必要となるため、有機化合物の構造決定問題は医学部入試ではよく出題されます。さまざまな問題集に数多くの問題が掲載されていますから、それらに取り組みながら考え方を身につけていきましょう。その際に意識してほしいのが、**「知識を整理すること」**そして**「それらを組み合わせて使うこと」**です。

また、近年の入試問題では、選択式の問題において「すべて選びなさい」という形の設問が増えています。複数の単元・項目にわたって選択肢がつくられることも多いうえに、場合によっては「該当する選択肢がない」という答えが正解というケースもあります。これらの設問では、正しい選択肢や誤っている選択肢を1つだけ選ぶ問題と違って「なんとなく選ぶ」という解答法は通用しません。**それぞれの単元の知識を正確に覚えることはもとより、関連する項目と組み合わせて理解し、設問に対して確実に知識を引き出せるようにトレーニングを積むことが重要**です。

次に、**②情報を整理し、必要な知識を選択してあてはめる力**について説明しましょう。基礎レベルの問題と異なり、入試で出題される応用問題では、問題の文章（リード文）が長くなります。基本～標準レベルの実験を題材にした問題においては、1つだけ、もしくは多くても2つ程度の操作が行われますが、応用問題においてはそうはいきません。複数の手順をふんだ操作が行われるため、状況の把握自体が難しくなります。また、操作の数だけ実験後の状況やその数値結果が記載されることになります。こうしてリード文が長くなり、受験生を苦しめることになるのです。加え

て、化学の問題においては、数学と異なり、出てきた数値をすべて使うわけではありません。解を求めるために必要な数値がどれなのかを見極めながら、なおかつ有効数字を意識した複雑な計算処理をしていく必要があるのです。

このような長いリード文を伴う問題に対応するためには、それなりの工夫が必要です。例えば、複数の手順をふんだ操作が行われている場合には、それらを**短い文章や図などを用いて箇条書きにすると良いでしょう。その操作の目的を検証し、あわせてメモしておくと、あとで見返したときに把握しやすくなります。**

また、化学反応においては、その内容を**化学反応式で表し、反応物・生成物それぞれについて、その質量や体積・物質量（mol数）といった関連する数値データを記載しておく**と、どれをその後の計算に用いれば良いのか把握しやすくなり、解法のすじ道が立てやすくなります。ぜひやってみてください。

なお、医学部の入試問題においては、時として教科書や参考書・問題集などでは見たことのない、受験生にとって未知の物質を用いた反応実験などが題材として出題されることがあります。これらは、一部の化学知識が豊富な受験生だけが解答できる問題なのでしょうか。いいえ、違います。これらの問題はたとえその物質についての知識を持っていなくても、リード文に与えられた情報と教科書等で学んだ知識とを組み合わせることによって、必ず解を求められるように設計されているのです。つまりは、受験生の「知識を活用する力」を測るための問題なのです。これらの問題に対応するためには、まずは諦めないこと、そして**自分が学んで身につけた知識の中から何が使えるのかを考え、それらを問題にあてはめながら地道に解答への糸口をたどっていくことが重要です。**このような取り組みは、入試本番で初めてやりなさいと言われてもできません。必ず過去問演習などを通して、練習の段階で試行錯誤する経験をしておいてください。

合格を決める思考力・応用力をつける

<化学の応用力>

知識を整理し、組み合わせて使う力
情報を整理し、必要な知識を選択してあてはめる力

 丸暗記でなく原理・原則から理解すること

　ここまで化学の応用力として2つの項目を挙げてきましたが、これらを身につけるためには良質な問題を用いた演習が欠かせません。そのためには、『実戦 化学重要問題集 化学基礎・化学』（数研出版）などを用いると良いでしょう。古くからある問題集ですが、毎年少しずつ問題が差し替えられています。解説がしっかりしており、入試を突破するために解けるようにすべき問題に対して、確実に解く力を養成してくれます。1周で終わらせず、2周、3周と繰り返す価値のある問題集です。さらに、受験科目の中でも化学を得意科目とし、得点源に仕上げたいという人は、『理系大学受験　化学の新演習』（三省堂）にも取り組みましょう。

　ただし、ここに挙げた問題集は一例であり、他にも入試対策の問題集には良いものが数多くあります。受験大学の出題レベルに合わせ、解答・解説が自分にとってわかりやすい問題集を選ぶことも大切です。

　なお、これらの問題集を用いて応用実践力を鍛える際には、次の2つに注意してください。1つ目は、**基礎固めの際に修得したはずの知識や考え方を忘れていないかをチェックし、忘れていた場合は、基礎固めのときに用いた教科書に戻って理解し直すこと**を怠らないことです。その際に、**丸暗記ではなく原理・原則から理解することを心がけること**が重要です。2つ目は、**新しい知識や考え方、発展的な内容（のちのち忘れてしまってもかまわない**

ので）をいったんは習得するつもりで貪欲に学習することです。そのために、『理系大学受験　化学の新研究』（三省堂）を辞書代わりに常備し、気になる部分を調べることで、新しい知識を習得し理解を深めるための手助けとしてください。ここまで化学の学習を実践できた受験生は、入試本番で間違いなく合格に必要な点数を獲得できるでしょう。

生物の応用力を身につけるための勉強方法

　医学部入試の生物に対応するために身につけてもらいたい応用力は、次の3項目に集約できます。

①基礎的な知識を詳細に深めること
②文章や図で表現する力
③実験や観察結果に対する考察力

　求められる力は化学や物理といった理科の他科目よりも多岐にわたります。どれ1つでも欠けることのないように、常に意識しながら学習することが重要です。
　まず1つ目の①**基礎的な知識を詳細に深めること**ですが、物理学や数学に比べて生物学は急速に発展しつつある学問分野であり、10年前なら大学で学んでいた内容、あるいは数年前に発見された内容が高校の教科書に載っているという例がいくらでも見られます。現に『スクエア最新図説生物』（第一学習社）という資料集は新課程に移行してから毎年のように改定されています。発展的な内容をより詳細な部分まで学ぶには教科書だけでは足りないため、資料集や『大森徹の最強講義117講』（文英堂）、『生物合格77講』（東進ブックス）などの参考書を用いて、周辺知識を強化してい

きましょう。また、新課程に移行後、「代謝」や「生物の環境応答」の分野など、教科書ごとに記述の詳しさに大きく差がある分野がいくつか存在します。そのような分野については、自分が使用している教科書には載っていないような内容でも入試で出題されることがあるため、前述の資料集や参考書を使って強化する必要があります。

　2つ目の**②文章や図で表現する力**ですが、記述式の問題を出題する医学部入試においては、基本的な語句を問う問題だけではなく、実験における操作についてそれを行う理由や、観察結果から導き出された結論についての根拠などを、指定の文字数以内の文章で記述することが求められます。また、例えば「ゴルジ体の構造を図示せよ」、「動物細胞のM期の中期の様子を図示せよ」など、ときには解答として描図を求められることもあります。教科書傍用問題集である『セミナー生物基礎＋生物』（第一学習社）にも、発展問題として数多くの論述問題が載っています。**基礎的な知識を詳細なものへと深める学習**をしながら、これらの発展問題にも取り組み、**「表現力」を身につけて**いきましょう。その際、知識不足で書けなかった知識論述の問題はその都度チェックし、教科書や参考書に戻って知識を確認してください。そのうえで、自分の言葉を使って表現できるようにしていきましょう。出題に合わせ、**「答案に表記すべき内容を整理」**して、**「論理的に構成を組み立てる」**意識を持って練習してください。また、自分なりの表現で論述ができたものについても、模範解答の表現との違いが気になる場合には、必ず生物の先生に質問をし、個別に確認をしてもらいましょう。メディカルラボでは入試において差のつきやすい論述問題で確実に得点するために、1対1の完全マンツーマン授業であいまいな表現や不確かな記述をなくしていく指導をしています。医学部合格を勝ち取るためには絶対に妥協することなく、論述問題に対する表現力を高めていってください。

最後に３つ目の③**実験や観察結果に対する考察力**ですが、身に
つけるのに最も苦労する項目かもしれません。考察に関する思考
の流れを書くと次のようになります。

①実験・観察データを言葉に変換する

　通常、実験や観察の結果は、表やグラフといった数値データで
与えられます。ここから“何を読み取るか”がポイントになりま
す。そこで、まずは単に数値を眺めるだけではなく「実験Bは実
験Aと比べて約２倍の結果が出ている」など、自分なりの“言葉”
に変換しながら読み取る習慣をつけましょう。

②自分なりの仮説を立てる

　次に自分なりに考えられることを仮説として立てます。例えば
「実験Aと実験Bでは条件Cに違いがある。これがAとBの結果に
約２倍の差が生じた原因ではないのか」といった具合です。

　また、このとき、出題意図についても考えると良いでしょう。
出題者が何についての知識・理解を測ろうとしているのかという
仮説が立てられると、考察の方向性がより明確になります。

③基礎的な知識と照らし合わせて仮説が正しいことを検証する

　最終的に、自分が立てた仮説が、教科書等を通して学んだ基礎
的な知識と照らし合わせて正しいのかどうかを検証します。例え
ば、「条件Cはこの生物現象に関するレセプターに結合すること
で反応を抑制する働きがあると学んだ。よって自分が立てた仮説
は正しい」というように確認をしていきます。

　以上のことを、問題集に載っている実験考察問題などを用いて
行っていきます。慣れないうちは「なんとなく」解いてしまうこ
とも多いと思いますが、応用力を身につけるためには、上記の思
考の流れを一つひとつ、段階をふまえながら確認していってくだ

合格を決める思考力・応用力をつける

さい。その過程で考えたことを簡単にメモしていくクセをつけておきましょう。配点が大きく、入試結果に大きな影響を与える問題ですから、自分一人で取り組むのが難しい場合には、先生のもとで個別に考え方をレクチャーしてもらうほうが良いでしょう。

応用力を身につけるためには、受験大学のレベルに合わせて『理系標準問題集 生物』(駿台文庫)や『生物の良問問題集』(旺文社)、『生物基礎問題精講』(旺文社)などを用いた問題演習が効果的です。さらに上のレベルを目指している人であれば、『生物標準問題精講』(旺文社)や『大森徹の最強問題集159問 生物[生物基礎・生物]』(文英堂)、『生物記述・論述問題の完全対策』(駿台文庫)などに取り組みます。これらの問題集は記述量が多く、表現力を鍛える練習にもなります。また、入試レベルの考察問題やグラフの読み取り問題も多く含まれているので、考察力を身につけるのには最適です。繰り返し取り組み、実験考察問題での条件比較の方法、複雑な計算問題の立式方法などを一つひとつ確実に身につけていきましょう。

＜生物の応用力＞

①基礎的な知識を詳細に深めること
②文章や図で表現する力
③実験や観察結果に対する考察力

ここまで述べた学習で、ほとんどの大学の医学部入試・生物で合格点を取るための土台はできます。最後に過去問を使って、時間と合格点を意識した解答の方法を身につけてください。ただし、入試が近づいて発展的な問題を多く解いていると、基本的な用語が抜けていく受験生がときどき見受けられます。そのような受験生は、過去問を解いてもらうと考察問題はほぼ完璧に答えられる

のに、誰もが知っているような基本的な用語の穴埋め問題で失点することが多いのです。その基本的な用語の知識のもれが合否に影響することもあるので、応用力をつけながらも、最後は基本的な用語をきっちりとアウトプットできるようにしておくことが非常に重要です。

物理の応用力を身につけるための勉強方法

　物理の応用力とは、**「問題に与えられた条件を読み取って、正しく公式や法則を活用する力」**といえます。これらはさらに、

　①条件から発想のカギを見つける
　②解法のセオリーを押さえる

の2つの力に分けることができます。これらを、力学分野を例に挙げながら説明していきます。
　まずは、問題を解くためには、その際に用いる公式や法則を正しく選択する必要があります。そのためには、問題に与えられた条件から、どの公式・法則を用いるかという「発想のカギを見つける」ことを意識しながら、問題に取り組まねばなりません。公式・法則を選択する際の着眼点について例を挙げると、物体が運動している問題では、運動中のある時点のみ（1点）に着目した設問であれば、「運動方程式」を用いた立式を考えていきます。一方で、運動中のある時点と別のある時点（2点）に着目した設問であれば、「力学的エネルギー保存則」や「運動量保存則」を用います。また、後者はさらに、重力などの他に力がはたらいていない場合には「力学的エネルギー保存則」を、注目している物体間で力はおよぼしあっているものの外部から力が加わっていない場合には、

「運動量保存則」を用いることになります。一見すると問題によって与えられた条件はまったく異なるため、まったく別のアプローチが必要と思いがちですが、今回の例のように時間軸やはたらいている力をもとに、用いる公式・法則を選択することができます。物理の応用力を身につけるためには、このような**問題ごとの着目すべきポイントを見つけ出し、それらを「発想のカギ」として活用できるようにしていくことが肝心**です。

用いる公式や法則が特定できたら、次はそれらをもとに立式を考えます。ここでのポイントは、立式の方針にも必ず決まった型、つまりセオリーがあるという点です。例えば、物体が静止しているつりあいの問題では、「水平方向のつりあいの式」、「鉛直方向のつりあいの式」、「モーメントのつりあいの式」の3つを考えます。注意したいのは、問題によっては解説に2つの式しか書いてない場合です。これは、問題を解くための方程式として活用できないために記載を省略しているだけで、実際にはちゃんと3つあります。また、斜面上に静止している物体に関する問題の場合、式を簡潔にするために、水平のかわりに「斜面に平行な方向のつりあいの式」を、鉛直のかわりに「斜面に垂直な方向のつりあいの式」を立てる場合があります。このように、多少のアレンジが入ることはあるものの、必ず3つの式を考えるということが、つりあいの問題に関する解法のセオリーです。それぞれの公式・法則を用いる際の「解法のセオリー」をしっかりと押さえましょう。

①条件から発想のカギを見つける力や②解法のセオリーを押さえる力を身につけること、問題演習をする際には常に意識してください。また、易しめの問題から標準レベルの問題、そして発展的な問題へと徐々に難度を上げながら、同一単元について繰り返し取り組むことが重要です。最初は『セミナー物理基礎＋物理』（第一学習社）の「基本例題」「基本問題」や『物理のエッセンス』

＜物理の応用力＞

与えられた条件を読み取って
正しく公式や法則を活用する力

①条件から発想のカギを見つける
②解法のセオリーを押さえる

（河合出版）などの問題集が良いでしょう。その後、『セミナー物理基礎＋物理』の「発展例題」「発展問題」や『良問の風 物理』（河合出版）を用いることにより応用力が身につきます。余力のある人、医学部の中でも旧帝大をはじめとした難関大を目指している人であれば、『名問の森 物理』（河合出版）や『体系物理』（教学社）まで取り組むことで、さらに高い学力を身につけることが可能です。

　実は、医学部入試、特に私立医学部入試における物理の問題では、まったく見たことのないような事象を題材にすることはほとんどありません。必ず何かのテキストで取り組んだことのあるような事象が取り扱われているはずです。つまりは、**一見複雑そうに見える問題であっても、今までに練習してきた公式・法則は必ずあてはまるのです。**それに気づけるようになるためにも、問題を解き終えて答え合わせをする際には、**その問題の「発想のカギ」「解法のセオリー」は何だったのかを必ず振り返るようにしてください。**また、一度解いたことのある問題を、その２つを意識しながらもう一度解きなおすことも有効です。物理は確かにとっつきにくい教科ではありますが、一度考え方や解法を身につけてしまえば、いろいろな問題に同じようにあてはめるだけで正解できる科目でもあります。取り組み方次第では医学部入試では得点源にできる科目だと言えるでしょう。

合格を決める思考力・応用力をつける

 教えて！可児先生
応用力アップ編

英 語

Q. 和文英訳（英作文）が苦手です。どうすれば良いですか？

A 基本的な英文法習得と例文暗唱がポイントです。

　英作文に「和文英訳」と「自由英作文」があるのは知っていると思いますが、一定の表現の型を身につけ、英文法に自信のある人は、「自由英作文」のほうが楽だと感じていると思います。自由英作文では、与えられたテーマに沿ってさえいれば何を書いても良いので、自分が自信のある型、表現、英単語、英熟語に絞って書くことが可能だからです。一方で、「和文英訳」については、与えられた日本語に沿った英文を書かなければなりません。「地球温暖化」って英語で何て言うんだろう？　となった時点でアウトです（ちなみに、global warmingですね！）。

　したがって、和文英訳問題に強くなるためには、次のようなことを意識してください。

①基本的な英文法規則を習得する

　いくら優れた語彙力を身につけても、文法上の間違いがあれば減点対象です。中学校で学習するレベルの英文はすべて英作文できる程度の文法力は身につけておきましょう。

②「日⇒英」方向の語彙力を鍛える

　英語長文を読みこなすために「英⇒日」方向の語彙力は鍛えざるを得ないわけですが、逆方向の「日⇒英」を意識して学習している人が少ないと感じます。英単語の学習をする際は、英語を日本語に直すだけでなく、日本語を英語に直す訓練も行ってください。そして、瞬時にアウトプットできるよう繰り返し学習しましょう。まずは、一般的な単語集の基礎的な単語からスタートすると良いでしょう。

③例文暗唱に取り組む

　自信を持って使える型を増やすために、例文暗唱に取り組んでください。覚える例文は多いにこしたことはないのですが、学習に使える時間には限りがあるので、自分の受験にとってどのくらい「和文英訳」の重要度が高いのかによって調整してください。

　英語学習において、早い段階から意識して取り組みたいのは以上の3点です。この3点を意識して学習を進めれば、英作文演習に取り組むための下地は完成です。

　いざ「和文英訳」の演習に取りかかる際は、次の点に気をつけてください。
・日本語にはない「単数・複数」の概念や「冠詞（または限定詞）」を意識する
・自分が書いた英文をチェックする（特に、動詞の使い方〈SVの一致・時制〉や「訳し忘れ」に注意）
・書いた解答を添削してもらえる先生を見つける
・英語長文学習で出合う表現で英作文に使えそうなものは積極的に覚える

　当然のことですが、日本人が外国語である英語を学ぶ際、英語をインプットする量に比べ、アウトプットする量が少なくなります。上述のようにアウトプットの量を増やし、日本語から英語に変換する回路を鍛えて、「和文英訳」に強くなってください。

STEP 4

数学

Q. 証明問題が苦手です。どうすれば良いですか？

 問題文からとっかかりを見つけましょう。

「数学は得意だが、証明問題は苦手」という受験生がいます。

証明問題が苦手な受験生は、証明問題が出題される大学の受験を避けてしまうこともあります。証明問題はある程度"型"が決まっていて、とっかかりを見つけられれば誰でもできるようになるのですから、もったいないことです。

証明の型には○○であることを示せ、といった「示せ問題」や、「背理法」、「数学的帰納法」などがあります。例えば、「nが（任意の）自然数のとき、○○を示せ」という証明問題を考えてみましょう。このとき、どのように示すと良いでしょうか？

このような問題では、多くの場合は「数学的帰納法」を用いるのが有効ですね。

どのような証明問題には、どのような証明法が有効なのか、必ずしもすべてこの通りとは限りませんが、いくつかのとっかかりの例を次にまとめました。

とっかかりの例

- 「$f(x) \geqq g(x)$ を示せ」 ⇒ 「$y=f(x)$, $y=g(x)$ のグラフ」
- 「（関数と多項式の）不等式」 ⇒ 「微分による最大最小」
- 「（複雑な仮定）ならば（簡単な結論）」 ⇒ 「対偶法」
- 「nが（任意の）自然数のとき」 ⇒ 「数学的帰納法」
- 「〜が（少なくとも1つ）存在する」 ⇒ 「背理法」、「対偶法」
- 「数列の和（Σ）を含む不等式」 ⇒ 「積分と数列の不等式（面積）」

では、具体的例を見てみましょう。

例題：「自然数 n に対して、$(n+2)^3$ が奇数ならば n も奇数であることを示せ。」

問題文を見ると結論よりも仮定のほうが複雑ですね。上記のまとめを見ると、「対偶法」が証明のとっかかりになりそうですので、対偶をとってみましょう。

対偶：「n が偶数ならば $(n+2)^3$ も偶数であることを示せ。」

これならどうでしょうか。きっとすぐに証明できることでしょう。

このように証明法をただ暗記するだけでなく、なぜその流れになるのか？ 何がとっかかりになるのか？ を考えながら行うことが大切です。医学部の入試では複雑な証明問題が出ることもありますが、多くの場合、前の小問が誘導となっています。複雑な証明問題でも、上記のとっかかりさえ得られれば、一つひとつのステップは簡単にできるようになっているはずです。

また、最後まで記述ができたら数学の講師から添削指導を受けると良いでしょう。プロの講師の添削指導を受けることで、自分のつまずきの原因を把握し、正解を導くための思考過程を学ぶことができます。

Step 5

面接・小論文対策で医師になる自覚を育てる

① 医学部の面接試験
高まる重要性と対策法

 面接試験が厳しいってホント？

　大学入試改革に伴う新しい入試制度では、一般選抜でも「主体性を持って多様な人々と協働して学ぶ態度」を評価することが求められます。そのうえ最近の医学部入試では、医師や医学研究者としての適性の評価にウエートを置くようになっているため、**面接の結果はかなり重視されています**。点数化する大学と点数化しない大学がありますが、点数化しない多くの大学では合否判定の資料として重視しており、点数化する・しないにかかわらず、募集要項などに「面接の評価が著しく低い場合は、学力検査の結果に関係なく不合格とする」と記載している大学も多くあります。特に国公立大では、ほとんどの大学が募集要項に同様の記述や「面接の評価が一定水準以上の者を合格とする」などと、明記しています。

　131ページの表は2021年度入試での面接・適性試験を含めた国公立大医学部での個別学力試験（2次試験）の配点について、いくつかの大学をピックアップしたものです。一般入試でも学科試験よりも面接試験の配点が高くなっている大学が増えています。例えば、筑波大学は2018年度入試までは面接試験は200点の配点だったのですが、2019年度入試から適性検査も含めて人物評価が500点とかなり高い配点となりました。

　また京都大学は、131ページのように選抜要項に記載していま

2021年度 国公立大 前期試験配点

大学名	英語	数学	理科	面接・適性	満点
秋田大学	100点	100点	—	**200点**	400点
東北大学	250点	250点	250点	**200点**	950点
筑波大学	300点	300点	300点	**500点**	1400点
信州大学	150点	150点	150点	**150点**	600点
熊本大学	200点	200点	200点	**200点**	800点

京都大学 一般選抜 入学者選抜要項より抜粋

> 医学科：面接試験では、'医学部医学科が望む学生像'（【学部・学科の入学者受入れの方針（アドミッション・ポリシー）】参照）に記載されている医師・医学研究者としての適性・人間性などについて評価を行い、学科試験の成績と総合して合否を判定します。
> 従って、学科試験の成績の如何にかかわらず不合格となることがあります。
> 調査書は、志願者個人を特定するような情報及び属性に関する情報（氏名・性別・住所等）を除き、面接の参考資料にします。…

す。京都大学では、かつては面接を50点満点で点数化していました。センター試験と個別試験を合わせて1,300点満点のうちの50点でしたから、面接の点数が低くても学科試験で頑張れば合格できる可能性もありました。しかし2016年度からは面接の点数化をやめ、面接の結果によっては不合格とするようになりました。

面接では人の命を預かる医師としての適性、コミュニケーション能力などを幅広くチェックされ、患者さんから信頼される医師にはなれないと判断された受験生は、どんなに学科試験の結果が良くても合格することはできません。

推薦入試では、特に面接試験が重視されていて、長い時間をかけて行う場合もあります。ある国立大学の推薦入試では、受験生に数時間にわたるワークショップが課せられました。例えば大学

病院を改善するというテーマでは、まず問題点を受験生にディスカッションさせ、付せんに書き出して整理し、発表し、どう改善するのかをまとめます。面接担当者は、この流れの中で受験生の医療に対する関心や、リーダーシップ、さらにコミュニケーション能力などを見ているわけです。

面接試験はさまざまな方式で受験生の適性をチェック

　医学部入試では、どこの大学を受けるにしても面接対策が欠かせません。2019年度入試で唯一面接試験を実施しなかった九州大学でも、2020年度から実施されました。

　面接の形式には、個人面接、集団面接、集団討論（グループディスカッション）、MMI（multiple mini interview）の4つの種類があり、個人面接と集団面接、集団討論とMMIというようにいくつかの形式を組み合わせて行う大学もあります。また、事前にアンケートを書かせて、それにもとづいて面接を行う大学も多くあります。

①個人面接

　医学部では最も多く見られる形式で、面接官は2～3人の場合がほとんどです。時間は15～20分程度ですが、なかには30分以上の場合もあります。また、面接を2回以上にわたって行い、受験生をじっくり観察するケースもあります。

> 面接試験の種類
>
> ①個人面接
> ②集団面接
> ③集団討論
> ④MMI（multiple mini interview）

②集団面接

複数の受験生に対して質問を行う形式で、面接官は複数の場合がほとんどです。時間は比較的長く、20〜40分程度のケースが多いようです。一人ひとりを細かく見られないので、最近は減少傾向にありますが、群馬大学、信州大学、徳島大学など一部の国公立大学や大阪医科大学などの私立大学で行われています。

③集団討論（グループディスカッション）

複数の受験生にテーマを与えてディベートやディスカッションをさせる形式です。ディベートは、受験生を賛成グループと反対グループに分け、テーマを与えて、なぜ賛成か、反対かを討論させます。近年多いディスカッションは、与えられたテーマについて、それぞれが意見を出し合い、最も良い結論を導き出します。特にディスカッションでは、コミュニケーション能力と協調性、積極性（リーダーシップ）、主体性などを中心にチェックされます。

国公立大では、旭川医科大学、富山大学、岐阜大学、名古屋市立大学、三重大学、滋賀医科大学、和歌山県立医科大学、香川大学、大分大学などが一般選抜や総合型選抜、学校推薦型選抜で、

千葉大学医学部 一般入試 面接試験の受験レポート

■形式：MMI方式
■時間：約8分×3回
■面接官：1人×3回

面接会場の配置

面接官＝1名
受験生＝1名

2018・2019年度　主な質問内容

■2019年度
- あなたが医者だとする。ステロイドを含む薬の使用を嫌がる患者さんが、ネットで見た治療法を望んできた場合、あなたならどうするか。
- あなたが医者だとする。高齢（70代）の患者さんにがんが見つかった。薬物治療をすれば少し寿命を延ばせる。しかし、家族は家に帰してかまわないと言ってきた。あなたならどうするか。
- あなたが医者だとする。自分の子が闘病で苦しんでいる姿を見て、母親が「私があの子を産んでしまったせいだ」と言って泣いている。あなたならどうするか。

■2018年度
- 患者さんが友人から聞いた薬の投与を望んできたとき、あなたならどうするか。
- 手術前日に助手に入る予定の医師が自分以外の家族は皆インフルエンザだから休ませてくれ」と言ってきた。あなたならどうするか。
- 知人が検査にやってきて糖尿病とわかった。発展途上国への異動というまたとないチャンスを目前にした彼は、「異常なし」という嘘の診断書を求めてきた。あなたならどうするか。

私立大では自治医科大学、日本医科大学、東邦大学、金沢医科大学、藤田医科大学、福岡大学などで実施されています。

④MMI（multiple mini interview）

　MMIでは大学が準備したある場面設定の文章を読み、それに対して自分がその状況をどのように捉え、どう対処するかを考えて、規定時間内にプレゼンすることが基本です。北海道大学、東北大学、千葉大学、神戸大学などの国立大学や、横浜市立大学などの公立大学などが一般選抜や総合型選抜、学校推薦型選抜で、私立大学でも東京慈恵会医科大学や東邦大学、藤田医科大学などが導入し、集団討論とともに最近増えている形式です。千葉大学では2018・2019年度入試において、上のような設定のMMIが実施されました。

面接・小論文対策で医師になる自覚を育てる

　東京慈恵会医科大学のホームページには、「MMIでは、自分の考えを表現する能力、社会における自分の役割を考える能力、知識を基に状況を理解してどのような行動が適切かを判断する力、論理的思考力などについて評価するために、評価者と受験生が1対1で対話し、一人あたり異なる5課題が課されます」と記されています。MMIの導入は面接官によるバイアス、有利・不利を解決するのも大きな理由の1つで、昨今の面接重視化の傾向を示すものです。

　個人面接でも集団面接でも、一般的には志望理由、志望動機、「なぜ医学部を目指すのか」、「なぜこの大学を選んだのか」などが聞かれると考えがちですが、近年はそれ以外のことで**医師としての適性を判断するような質問**がいろいろ試みられています。関心のある医療ニュースはどこの大学でもよく聞かれますが、曖昧な知識で答えるとさらに追及されることになりかねませんから、周到な準備が必要です。

　また、ある状況設定の中でその人がどういう行動を取るのかを見る質問はMMI以外でもあります。例えば、「もしあなたが内科の医師として被災地に行ったとして、現地では物資も足りないし、医師も足りない。そこへ外科的な処置が必要な患者さんが来たら、あなたは外科的な処置をしますか」という課題が与えられ、各自が意見を述べたり、グループで討論したりします。東邦大学では集団討論と4回の個人面接（MMI）を行っていますが、集団討論は与えられたテーマについて15分間で討論を行い、全員の考えをまとめて発表します。MMIは、3分間の面接が4回行われ、それぞれ1つのテーマについて質問されます。2020年度は、「SNSと対面のコミュニケーションの違いと、それが社会に与える影響の大きさ順に3つ挙げる。さらにそれによって、社会がどう変わっていくか」などが出題されています。

STEP
5

135

2020年度 東邦大学面接試験

形式	所要時間	面接の進行と質問内容
集団討論 個人面接 （MMI方式）	15分×1回 3分×4回	（集団討論） □SNSと対面で話をすることの違い、SNSがもたらす影響を3つ □女性の社会進出が遅れている要因と解決策 （個人面接） □資料を見て、国別の胃がんの死亡率に差がある理由 □白血病の特効薬などの高額医療費の問題点と対策 □オーストラリアのピンク色の湖がこのような色になることについて、その要因とそれをどのように証明するか □外国人患者を診察する際に、文化の違いなど気をつける点
面接会場の配置		
（集団討論） 面接官＝1〜2名 受験生＝4名 （個人面接） 面接官＝1名 受験生＝1名		

　従来のような面接では、受験生の多面的な能力や医師としての適性を評価するのが難しくなったので、さまざまな形式の面接が行われるようになりました。面接の回数を増やし、内容も変えることで、多面的な評価が可能になるのです。

面接試験では何を見ているの？

　医学部での面接試験は大学ごとに多様で、中には医学部とはまったく関係ないようなテーマについて考えさせたり、質問が飛んできたりすることがあります。しかし、こういった面接試験の受験レポート（受験生がどんな面接試験だったのかを提出するレポート）をプロの面接の講師に見てもらうと、「医学部の面接試験

面接・小論文対策で医師になる自覚を育てる

として適切なものですね」という回答がよく返ってきます。
　面接の話を受験生としていると、「こういう質問をされたらどう答えたら良いですか？」などと模範解答的な答えを聞かれることもよくあります。しかし、模範的な解答を準備して答えたとしても、そこで面接は終わりません。自分が答えた内容についてさらに掘り下げた内容の質問が続きます。ですから、表面的な対策・準備だけでは今の面接試験は太刀打ちできません。面接試験の本質「面接試験で何を見ようとしているのか？」を十分理解していないと、正しい準備はできないでしょう。

　では、面接試験では（小論文試験も含めてですが）何を見ているのでしょうか。

　それは、**「将来、医療現場に立つ『自覚』と『資質』」**です。
　Step1でもお伝えした通り、医学部入試は医師・研究者としての就職試験の一面もあります。医学部に合格したら将来はほぼ医師、または研究者になるからです。ですから、医学部の受験会場に来ているということは、「将来、医療現場に立つ」という覚悟ができている状態になっているはずです。「患者さんがいる医療現場」のイメージをしっかり持っていなくてはいけません。

なぜ小論文・面接試験を行うのか？

医学部入試　≒　医師・研究者になる就職試験

将来、医療現場に立つ **自覚** と **資質** を見るため

また、医師や研究者を目指すための資質として何が必要なのか、については、各大学が公表しているアドミッション・ポリシー（入学許可の方針）に明記されています。志望大学のアドミッション・ポリシーは常に手元に置き、いつでも見られるようにして、医師・研究者としての資質を常に意識してほしいと思います。

　2020年度から新たに面接試験を始めた九州大学のアドミッション・ポリシーにはこのように書いてあります。

「もっとも大切なことは弱い立場の患者さんの味方となり、病気に苦しんでいる患者さんを助けることです。単に受験学力が高いから医学部に入学するのではなく…（中略）…明確な目的意識を持った学生を望んでいます。…」と書かれている通り、皆さんが目指す医学部の向こうには「患者さん」がいる医療現場があるのです。ですから、医療現場のイメージをしっかり持つことが面接対策としても必要になります。

　患者さんは病気やケガなどで体の調子が良くなく、辛い状態で

九州大学医学部医学科　アドミッション・ポリシー（抜粋）

医学科　Department of Medicine
　21世紀の医学は、遺伝子治療や再生医学・医療など重要で魅力あふれる分野が多くあります。医学部医学科においても、高度先端医療の研究と実施にむけて、これまでの伝統を基盤にして、独創性に富んだ国際的視野をもつ医学者の養成を行っています。それと同時に、臨床の場では診療行為の実力とともに人間味あふれ、社会性に富んだ医師の育成を目指しています。そのために、人の生命に興味をもち、その研究に情熱を燃やし、積極性と活力をもって医学に取り組むことができる学生を歓迎します。

求める学生像（求める能力、適性等）
　医師の仕事は、非常に幅広く、基礎の研究者から臨床医まで選択肢も多い中で、もっとも大切なことは弱い立場の患者さんの味方となり、病気に苦しんでいる患者さんを助けることです。単に受験学力が高いから医学部に入学するのではなく、医師としてあるいは医科学分野の研究者として活躍するに十分な能力と素質をもち、明確な目的意識をもった学生を望んでいます。
　人間でもっとも大切なことは、「生きがいをもち、人間らしく生きること」です。命に直接関係するような病気をもっている患者さんは、ややもすると、この「生きがい」をなくし、生きる喜び、生きる目標を失っています。このような人達に優しい救いの手をさしのべることができる人間味あふれる学生を求めます。

す。そのうえ、医学・医療の知識がないのですから、自分の体の状態も、この先どうなるのかまったくわかりません。精神的にもとても不安になっています。なので、医学・医療のプロである医師に「相談したい」と思って、患者さんは医師のところに来ます。

良い医療現場にするためには、患者さんと医師の間には「信頼関係」が必須です。患者さんは自分の健康、ひいては自分の命を医師に預けることになります。自分の命を信頼できない人に預けることは、誰しも怖いことです。ですから、患者さんの健康と命を預かる医師は、患者さんとの間に信頼関係を構築できるようなコミュニケーションが必要になります。

では、患者さんに信頼されるコミュニケーションとはどんなものでしょうか。

まず、

①医師は患者さんの話を聞き切る

ことから始まるはずです。患者さんは医師に「相談したい」と思ってきています。ですから患者さんが不安に思っていること、知りたいと思っていることを医師はすべて受け止めることが大切です。そうすることによって、医師に対する信頼感が患者さんに芽生えます。

さらに

②患者さんにわかりやすく説明する

ことが大切です。患者さんが相談したいことを受け止めたうえで、医師は「医学・医療のプロ」として正しく診察・診断することはもちろん、診断結果や治療について、「医学・医療の素人」

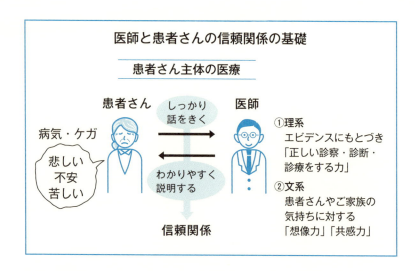

である患者さんの目線に立ってわかりやすく説明することが必要です。そうすると、患者さんは医師が自分のことをよく理解してくれていると感じ、より信頼感が増すことになります。

医学部の先生方は、**医学部は理系+文系**であるというようなことをよく言います。医学は科学ですから医学的・科学的な理解力、理系的な力はもちろん必要です。しかし、工学部などとは異なり、患者さんという感情を持った人を診る仕事でもあります。ですから、**患者さんの気持ちの対する「想像力」「共感力」といった能力、文系的な部分がとても大切になります。**

こういった、「想像力」「共感力」を見るのも面接試験の目的の1つになります。

医学部を目指す受験生の中には、医療現場の主人公が「医師」であると思っている人もいます。確かに医療を扱うドラマのほとんどは、医師が主人公になっているのでそう勘違いしてしまうのかもしれません。しかし、「いのち」「健康」は患者さん一人ひとりのものですから、患者さん一人ひとりが主人公であるはずです。

面接・小論文対策で医師になる自覚を育てる

医療現場の主体は患者さんであるべきです。

面接試験の受け答えのカギとなる現代医療についての大事な考え方のポイントは、

【現代医療の基本】
①患者主体の医療
②患者の自己決定権の尊重

ということになります。

繰り返しになりますが、医療で扱う「健康」「いのち」は患者さんのものですから、患者さんが医療の主体であり、**患者さんには基本的人権として自己決定権があり、医師はそれを尊重しなくてはならない立場なのです。**医学部を目指す受験生であれば、この基本的な考えは必ず持っていてほしいものになります。

また、現代では昔に比べ「いのち」を永らえるすべが発達してきました。しかし、それは同時に健康でない状態で長く生きる人々を医師は診続けることにもなります。こういった患者さんと「医師―患者」の関係を長く続けることが、超高齢社会の日本では特に大きな意味を持ってくることになります。**「いのち」の終わり、「いのち」の質、「いのち」の優先順位など、医療現場では「いのち」について重い決断をすることも多くなります。**受験生である今から、重く、深く考える必要はありませんが、「将来、医療現場で命をあずかる自覚」をしっかり持っておいてほしいと思います。

志望理由書作成が面接・小論文対策のスタート

個人面接では、**医学部や大学の志望理由、医師・研究者としての将来像や、医学・医療にどれくらい興味を持っているかなど、かなり掘り下げて聞かれる場合も多くなります**。前述の通り、よくある質問の模範解答を準備するだけでは表面的な薄い答えになってしまいます。掘り下げて聞かれても大丈夫なようにするために、志望理由書をしっかり準備することが大切です。

多くの医学部が出願時に志望理由書の提出を義務づけています。提出するから、それだけを書くのではなく、自分の勉強に対するモチベーションのためにも、Step 1 でお伝えした通り1,200〜1,600字以上しっかり書いておくことをお勧めします。

書き方についてはStep 1 を参照して下さい。

九州大学 医学部の志望理由書　2020年度入試用

面接・小論文対策で医師になる自覚を育てる

 面接で力を発揮するために

　多くの受験生にとって、面接は不慣れなもので、どうしても緊張してしまい、何を答えたのか覚えていないという人も少なくありません。ですから面接で失敗しないための対策は必須です。
　具体的な面接対策としては、

①アドミッション・ポリシーを読んで準備をしておく。
②医師・研究者としての将来像を明確にする。
③医療・研究を通じて社会にどう貢献するかを考える。
④現代医療の問題点とその改善策を話し合う。

　面接の練習では、過去の面接でどのようなことが質問されたかを調べ、それにどう答えるかを考えておくことが重要です。
　例えば、先述の2019年度の千葉大学の面接試験（MMI方式・134ページ参照）では、「ステロイドを含む薬の使用を嫌がる患者さんが、ネットで見た治療法を望んできた場合、あなたならどうしますか？」「高齢の患者さんにがんが見つかり、薬物治療をすれば少し寿命は延ばせるが、家族は家に帰してかまわないと言ってきた。あなたならどうしますか？」という出題がありました。多くの大学が受験生に、「医師の立場でどう考えるか」を問いかけます。このような出題がされることをまったく知らずに面接に臨んだ場合、うまく答えることは難しいでしょう。そのため、面接試験の対策でも、特に過去問が重要になります。しかし、残念ながら赤本にも面接試験の情報は載っていないため、受験した先輩の体験から判明したものを利用するしかありません。医学部の面接ではどのようなことが聞かれるのか、可能な限り情報収集しておきましょう。メディカルラボでは、すべての医学部について

143

受験生から多くのレポートを集めて「どんな質問をされたのか」というデータを集めています。毎年発刊している『全国医学部最新受験情報』（時事通信社）にも、前年度の面接の質問内容の一部を掲載していますが、個別の質問に対する回答を考えたうえで、論理的に答える練習をしておきましょう。

①面接の基本行動

　予備校などでは模擬面接の授業を行っていますが、メディカルラボでは、まず「なぜ医師になりたいのか」「いつ頃から医師になることを志したのか」という志望動機を講師がヒアリングしたうえで、医学部の面接では何が問われているのか、どんなことに注意しなければならないのかという基本的な対応を確認します。そして、志望大学の面接試験について、試験時間、過去の質問内容、面接官の人数などを確認し、受験生の考えや志望動機にもとづいて、その大学の志望理由やその他の質問にどう返答するかを指導します。その後、講師が面接官になって模擬面接を実施し、入退室の作法はもちろん、服装や視線、声の出し方や抑揚まで指導します。模擬面接での回答内容については、受験生一人ひとりの生い立ちや考えに沿って、個性的でベストな回答例を指導しています。

②事前に回答が準備できる質問への対応

　想定される質問に対しては、「どのように考えているか」を事前に整理しておく必要があります。ほとんどの大学で、医師志望の理由が求められますから、必ず押さえておきましょう。志望理由について、「なぜ医師を目指すのか？」と聞かれた場合は、単に「人の役に立ちたいから」と答えるのではなく、「このような理由から医師を目指し、将来はこういう医師になりたい」ということをきちんと伝えましょう。「なぜ本学を志望したのですか？」

という質問に対しては、「他の大学ではダメだ。この大学でなければならない」と言える理由が必要です。地域枠で受験するのであれば、地域医療に関する意見をまとめておくことも必要です。これらについては、Step 1で解説した志望理由書が役に立つはずです。

　また、自己PRを求める大学もあります。自己PRには、「私の性格は医療現場で生かせる」や「高校時代にやった部活動や生徒会活動は、こういう点で将来に生かすことができる」というように**「自分が身につけた医師に適した資質をPRする」**だけでなく、**「医師になりたい気持ちの強さをPRする」**という意識が大事です。受験生の社会的視野を測るためにも「最近のニュースで気になったことは？」という質問をする大学も多いのですが、医師を目指す者として、医療に関するニュースは日頃から注目しておくべきです。専門的な知識が問われているわけではありませんが、いかに素晴らしい志望理由を述べても、医療問題に関心がなければ説得力が薄れてしまいます。医療関係のニュースにはできるだけ目を通し、話題となったニュースには自分なりの意見を述べられるように準備しておきましょう。

　また、**集団討論では「人の話を聞く力」が重要な評価ポイント**ですが、特にディベートやディスカッションでは、**コミュニケーション能力、協調性、論理的思考力、医療に関する関心や興味**などがチェックされます。面接官は、チーム医療の現場で将来、あなたと一緒に仕事がしたいと思うか、という観点で評価していると考えれば良いのではないでしょうか。

　なお、大学の中には「面接のときは私服で来てください」と、制服を禁止にしている大学があります。制服だと受験生の出身校がわかってしまい、学力レベルなどの先入観から人物を正確に判断できないというのが理由のようです。医学部では、医師や医学

研究者になる適性や人物評価を重視していることの1つの表れでしょう。面接は短い時間で判断される場なので、態度や振る舞い、声の大きさ、言葉遣いなどの第一印象も評価に大きく影響します。

③事前に回答が準備できない質問への対応

例えば、「(絵を見て) 何も書かれていないフキダシにどんなセリフを入れるか答える」(2020年度・東京女子医科大学)、「『予約していた美容室に10分遅刻した。どんな影響があるか?』という内容を読んで答える」(2020年度・獨協医科大学)、「『若者はもっと挑戦すべきだ』と書かれた用紙を読んで答える」(2020年度・愛知医科大学)、「コンビニエンスストアで並び方がわからず割り込みしてしまった老人に対してどうするか」(2020年度・藤田医科大学)、「どこでもドアがあったらどこに行きたいか」(2020年度・関西医科大学) というように、一見医学部とは無関係に思われることを尋ねられる場合があります。

その場でどう答えて良いか迷う質問に直面しても、医師としての自覚や資質を見ているわけですから、出題意図(コミュニケーション能力を問うものなのか、相手の立場で考えることができているか、相手にわかりやすく伝える力があるのか、リーダーシップを問うものか) を捉えて答えるようにします。

また、これまでの出題傾向でグラフや資料を見て答えさせる設問が多いなら、グラフ・資料を読み取り、自分の考えを整理する練習を繰り返しておくことも大切です。

つまり、その場で考えを整理してまとめなくてはいけない事前準備ができない質問ほど、練習が必要だということです。

面接・小論文対策で医師になる自覚を育てる

事前に回答を準備することができない質問 ✓

- □（絵を見て）何も書かれていないフキダシにどんなセリフを入れるか答える。（2020年度・東京女子医科大学）
- □「『予約していた美容室に10分遅刻した。どんな影響があるか？』という内容を読んで答える」（2020年度・獨協医科大学）
- □「『若者はもっと挑戦すべきだ』と書かれた用紙を読んで答える」（2020年度・愛知医科大学）
- □「コンビニエンスストアで並び方がわからず割り込みをしてしまった老人に対してどうするか」（2020年度・藤田医科大学）
- □「どこでもドアがあったらどこに行きたいか」（2020年度・関西医科大学）

準備が難しい質問にどう対応すればいい？

　その場でどう答えて良いか迷う質問に直面しても、医師としての自覚や資質を見ているわけだから、出題意図（コミュニケーション能力を問うものなのか、相手の立場で考えることができているか、相手にわかりやすく伝える力があるのか、リーダーシップを問うものか）を捉えて答えること。

　また、これまでの出題傾向でグラフや資料を見て答えさせる設問が多いなら、グラフ・資料を読み取り、自分の考えを整理する練習を繰り返しておくこと。

　結局、事前準備ができない質問ほど、練習が必要だということです。

④模擬面接のポイント→いろいろな面接官で練習（面接練習）する

　準備の仕上げに、過去問を使って模擬面接を行います。学校の先生は、受験生が答えるまで待ってくれたりしますが、実際の面接では時間が限られているため、受験生が答えている途中からもどんどん次の質問をぶつけてきたり、論旨の矛盾を突いてくる、いわゆる"圧迫面接"を行う面接官も多いので、少し厳しいスタイルの面接の経験を積んでおくと、本番でも失敗しにくいでしょう。緊張感を持って面接に臨むためにも、同じ先生（面接官）とのやりとりばかりでなく、いろいろな面接官の模擬面接を受けることをお勧めします。メディカルラボでは、面接のプロの講師がさまざまなタイプの面接対策を分析・指導しているので、面接の評価が気になる方は活用してください。

面接試験で質問されること ☑

1.「入学・将来」に関する質問
- ☐ 医師・医学研究者を志した理由・きっかけ
- ☐ 本学の志望理由
- ☐ 理想の医師像・研究者像（それになるためには）
- ☐ 将来は何科の医師になりたいか
- ☐ アドミッション・ポリシーについて
- ☐ 医師に必要なもの・資質
- ☐ 大学で何をしたいか（勉強と勉強以外）
- ☐ 大学卒業後に経験したいことは
- ☐ 留学することについてどう考えているか
- ☐ 将来は地域医療に携わりたいか
- ☐ 将来はどのように社会に貢献したいか
- ☐ あなたは本学にどのように貢献するのか

2.「自己」に関する質問
- ☐ 自己PR
- ☐ 自己について（性格、長所・短所、特技、趣味など）
- ☐ 出身地や出身高校について
- ☐ 中学時代や高校時代に最も印象に残っていること
- ☐ 尊敬する人物（それはなぜか）
- ☐ ボランティア活動の有無
- ☐ 座右の銘は
- ☐ 部活動について
- ☐ 得意・不得意（好き・嫌い）な科目について
- ☐ リーダーシップを発揮した経験について
- ☐ 日常生活で心がけていることは
- ☐ あなたに影響を与えた本は

3.「医療」に関する質問
- ☐ 最近、気になる医療ニュースは
- ☐ 今年のノーベル医学・生理学賞について
- ☐ 近年の医療の問題点について（理由・解決法）
- ☐ 地域医療について
- ☐ 少子高齢化について
- ☐ 終末期医療について
- ☐ 再生医療の可能性と課題点
- ☐ AIが医療に与える影響
- ☐ 医師の働き方改革について
- ☐ 混合診療について
- ☐ 臓器移植について
- ☐ 遺伝子診断の可能性と課題点

4.「事前準備がしにくい」質問
- ☐ 写真や絵を見て物語をつくる（タイトルをつける）
- ☐ あなたを色（花・季節・文房具など）に例えると何か
- ☐ 老人は○○な存在である、の○○に当てはまるのは
- ☐ 6歳のがん患者に「あなたがうらやましい」と言われたら
- ☐ 高齢者にインターネットを説明するとしたら
- ☐「一番大切なものは目に見えない」について賛同するか
- ☐ あと一日で地球が終わるとしたら何をするか
- ☐「犠牲」「奉仕」「忠誠」の中で一番嫌いな言葉と理由
- ☐ 人間の心の奥は○○である、の○○とは
- ☐ これまでの人生で1つだけやり直せるとしたら
- ☐ 破っても良いルールと理由
- ☐「優しさ」とは何かを定義せよ

1.「入学・将来」に関する質問と、3.「医療」に関する質問は、しっかり事前準備する受験生が多い。
2.「自己」に関する質問は準備が不十分な受験生が多く差がつきやすい。
4.「事前準備がしにくい」質問は練習の量と質で差がつきやすい。

② 医学部の小論文試験
医師としての適性も問われる

さまざまな出題形式がある小論文

　医学部の小論文は文系の小論文と同様、受験生のものごとに対する考え方を見る、あるいはテーマに関する知識を問う大学が多いようですが、他学部との違いは、医師としての適性を見ることも役割として持っている点です。

　純粋な小論文としての出題形式は大きく分けて次の3つです。

①課題文を読んでその内容を要約し、自分の考えを述べる**「課題文型」**
②グラフやデータを基にそこから読み取れる内容を判断し、自分の考えを述べる**「図表・グラフ読み取り型」**
③「○○についてあなたの意見を述べなさい」などのようにテーマだけを与えられる**「テーマ型」**

　しかし、実際には、小論文という名の学科試験や、学科試験ほどではなくても英語・数学・理科等の科目の知識やその応用力を見る出題がなされる場合も多いので、その場合は学科試験の対策として取り組んでください。ここでは、純粋な小論文試験の対策についてお伝えします。

```
                    ┌─ ①課題文型
    小論文の        ├─ ②図表・グラフ読み取り型
    出題形式        ├─ ③テーマ型
                    └─ （特殊型）
```

①課題文型小論文

　与えられた課題文を読んで設問に論述するものです。この形式の場合は、まず課題文のテーマをしっかり読み取ることが大切です。課題文の読み取りを間違えると、大幅に得点を失うことになります。取り上げられる課題文は、評論、小説、新聞の社説、エッセイなどさまざまで、課題文が英文ということも少なくありません。2020年度の入試の例で見ると、東京慈恵会医科大学は「ルソー著『エミール』を読んでテーマを設定し、それらついて論じる」などの出題でした。金沢医科大学は康永秀生著『すべての医療は「不確実」である』を読んで要約させ、「医師の役割について自分の考えを述べる」という内容でした。

　また、課題文が英文の場合は、『Science』、『The New England Journal of Medicine』、『The Lancet』などといった科学雑誌や医学雑誌からの抜粋が多くみられます。

②図表・グラフ読み取り型小論文

　図表やグラフから読み取れることについて述べるものです。
　この形式の場合も、課題文型と同じく、まずしっかり図表やグラフを読み取ることが必要です。その際には、出題者がなぜこの図表・グラフを用いたのかという出題者の意図を意識してください。そのうえで、図表やグラフが示している状況になっている背

景や原因とその対応策などについて、仮説を立てていく必要があります。課題としては、厚生労働省の白書、国立研究所の統計データなどがよく取り上げられます。

③テーマ型小論文

「『再生医療の課題と展望について』自分の考えを述べよ」のように、1〜2行のテーマだけが与えられている形式です。①②に比べ、よりしっかりとした対策が必要になります。出題としてテーマが簡単に与えられるだけということは、与えられたテーマに対する知識がなければ「何も書けない……」となってしまいます。したがって、出題されそうなテーマについて見聞を深めたうえで、自分でそのテーマに対する課題提起と、その改善等を書けるようにする必要があります。

近年は、①の**課題文型**が主流となっていますが、他にもさまざまな出題形式がみられ、なかには小論文とは言えないような特殊なタイプの出題もあります。「手紙を書きなさい」、「物語を書きなさい」といったような、相手の立場に立って考えるコミュニケーション能力を探るような小論文や、写真や絵画を見せて、そこから感じ取れることを自由に書かせるものもあります。

2020年度入試では、順天堂大学がノーマン・ロックウエル作『The Runaway』の絵を見て小論文を書かせました。日本医科大学はドナルド・キーンが書いた「外から見た日本」についての文章を読み、著者に手紙を書くといった内容でした。小論文や面接ではさまざまな課題・質問が出されますが、どちらも解答する際に絶対にぶれてはいけないのは、**「自分は将来、医療の現場に立つ」という前提で自分の考えをまとめること**です。医学部を受験するということは、基本的にはほぼ全員が医師か研究者になるわけで、その自覚と資質を見分ける試験が小論文や面接なのです。どんな問題にも医療に携わる人として考え、自分の意見を出せるように

準備しておくことが大切です。

　また、教科・科目の学力を測る学科試験とも言えるような小論文もあり、数学の知識や化学、生物、物理の知識がないと読み解けないような課題が与えられている小論文もあります。国公立大の後期などは、課題が英文で与えられるものも多く、小論文と言いながらさまざまな学力をチェックしているわけです。

　このように小論文にはいろいろな出題形式があるので、実際どういった小論文が出題されるのか、志望大学の過去問を研究しておく必要があります。小論文の解答用紙も、縦書き、横書きなどの形式があり、また、誤字・脱字での減点や指定字数の最低80％以上は原稿用紙を埋めるなどの基準もそれぞれ違いますから、調べておきましょう。

マンツーマンで添削指導を受けるのが理想的

　文章を書くことが苦手な受験生や、小論文はハードルが高いと考える受験生は多いのですが、小論文は書く形式が決まっているので、感想文やエッセイを書くのとは違って、練習さえすれば確実に書けるようになります。

　医学部入試では、出願時に志望理由書を提出させる大学が多く、最近多くなったネット出願でも志望理由を入力させる大学があります。ですから、まず**医師志望理由と受験する大学の志望理由を書くことからスタートするのが、小論文の練習としては取り組みやすい**と言えます。

　医学部の小論文には、いろいろなテーマの出題がありますが、医師や医学研究者としての適性を見るテーマが少なくありません。こうした小論文に対しては、**「自分は将来、医師になる、医**

面接・小論文対策で医師になる自覚を育てる

療の現場に立つ」という大前提を外して書いてはいけません。「医師を目指す立場で、あるいは医療の現場に立つ者として、このテーマに対してどう考えるのか」ということを書けば良いのですが、この論点から外れてしまうと、評価の低い小論文になってしまいます。したがって、小論文の練習を始める前に、将来、自分は医師になるのだという決意を文章にしてみると良いでしょう。なぜ医師になりたいと思ったのか、将来どういう医師になりたいのかを書くことは、志望理由書を書く作業にもつながります。

　小論文の書き方がわからない人は、予備校で小論文の授業を受けるか、小論文対策の参考書を読んで勉強します。

　自学自習では文章の構成や表現方法などを勉強するのが難しいので、できれば先生に添削指導だけでなく、直接アドバイスを受けられるようにしておきましょう。予備校の集団授業でも添削指導は受けられますが、いくつかピックアップした添削例を解説するだけです。自分の書いた小論文に対してどう改善したら良いのか直接アドバイスしてもらうチャンスはなかなかありません。ですから、マンツーマンで添削指導してもらうのが理想的です。

　メディカルラボの小論文の授業では「医師になる」という前提条件で指導しますので、講師と受験生での想定問答や、講師が受験生に質問するような形で進行します。その結果、小論文の授業は「医師になる自覚を育てる」という内容になり、教科の勉強にも良い影響を与えることが多いものです。なんとなく医学部に行くという意識で勉強を「させられている」受験生や、受け身で勉強していた受験生も、明確な目的意識ができるため、勉強の質が変わってきます。

　小論文では語彙力が必要になります。語彙力をつけるために、場合によっては医系用語集や時事用語集なども必要です。最近はAI（artificial intelligence＝人工知能）がテーマになることも多

いので、ニュースなどで話題になっている用語はある程度調べておきましょう。

また、小論文では、**医師として必要なコミュニケーション能力や考え方も問われます**。面接は実際に対面で話すことにより、コミュニケーション能力や人柄、性格などを評価する試験ですが、小論文は文字で書かれた内容でしか、大学は評価してくれません。その中で、自分の考え方を表現する能力が問われる試験です。ですから、自分の言いたいことを一貫した論理で表現できる力を鍛えておく必要があります。

小論文は600〜800字／60〜80分程度で書かせる出題が多いのですが、600〜800字で書くということは3〜4つの段落分けをすることになります。「段落分け＝論述構成」になるので、その構成をどう組み立てるかがポイントになります。これについては、小論文の初心者のための基本的な論述構成と、その書き方のポイントについて触れておきたいと思います。

小論文では、まず書き「型」を学ぶことから始めます。志望大学の過去問や類題を使い、自分の手を動かして書いてみます。作文が苦手な人も、出題形式による論文の書き「型」がわかれば、練習次第で必ず書けるようになります。課題文型小論文の場合は、まず要約の練習から始めましょう。文章を読んで、それを短くまとめるのですが、例えば1,000字ぐらいの文章を100字や200字で要約できれば、文章の主旨が論理的にはっきりします。それをもとに自分の意見をまとめますが、このとき、自分がどういう立場で考えているのか、立ち位置に注意します。こうして書き上げた小論文は、課題文の意図をきちんと読み取れているか、解答に必要な視点は抜けていないかなどを確認するためにも、必ず先生の添削指導を受け、フィードバックすることが大切です。

小論文の勉強は早めにスタートさせて、夏までには終え、秋か

小論文の初歩的な論述構成の例

●600字の場合

1段落目…… 現状の課題点
　出題された課題文の主旨を要約し、そこから問題提起する。(200字)

2段落目…… 課題についての背景・原因
　課題点の背景・原因についての考えをまとめる。(200字)

3段落目…… 課題点の改善策
　背景・原因を踏まえ、改善策の提案をする。(200字)

添削のポイント
設定した論述構成通りに書けているか、
構成通りになっていないところを修正する。

らは学科試験対策にシフトするのが良いでしょう。しかし、話題性のあるテーマが出題されることも多いため、秋以降も新聞やニュースをこまめにチェックしておくことも必要です。

　メディカルラボでは小論文対策として、次のような授業を行っています。まず、医系小論文の基本的な考え方や書き方について講義を行ったあと、「なぜ医師になりたいのか」という基本的なテーマについて小論文を作成します。それを講師が丁寧に添削し、受験生の文章表現力を把握し、文章構成の方法や自分の考えをどう表現するかなどを実践指導します。その後、志望大学で実際に出題された過去問の課題を、本番と同じ試験時間で書いてもらいます。書いた小論文は講師が丁寧に添削を行い、改善すべき内容や書き方について指導を行います。違うテーマで、これを何回か繰り返し行い、確実な力をつけていきます。

　次は、大学の小論文試験を2例挙げて具体的に見てみましょう。

> 採点者の視点
>
> **1 視野の広さは大切**
>
> メリットとデメリットがあるという発想はOK。医師には今置かれている状況全体を見る力が求められます。状況全体を見る力が視野の広さということ。与えられた問題や状況には、メリットとデメリットがあるのではないかという発想ができています。〇

> 採点者の視点
>
> **2 命あるものへの共感も示したい**
>
> 俳優としての演技の幅の指摘だけではややNG。医師としての意識の幅を考えたいです。ニワトリを殺すのは人間が食べるためです。命あるものを殺して、いただく。医学部の小論文なので、命あるものへの共感を示したいところです。△

一方デメリットとしては、その行為をすることが恐怖体験となってしまうことだ。自分がしたくないことを強制的にやらされることで、精神疾患に陥ることも大いに考えられる。症状がひどいと社会的な復帰が望めなくなるほどのものになるかもしれない。そうした際に、良い俳優を目指し日々過ごしていた人の人生を奪うことになってしまう。また、脚本家と俳優という一種の主従に類する関係で、断りたくても断ることができないという状況は**ハラスメントに該当する**。今の現代では個人の意思を尊重するものが流布しているため、時代の流れに逆らっていることをやらせて自分の思い通りにしようとする**のは脚本家のエゴだと考える**。

上記のように、この育成方法にはメリットとデメリットがある。今回の脚本家は、俳優の演技の幅を広げさせようと思って言っているが、それが本当に俳優当人にとって有益なものなのかを考えなければならない。

> 採点者の視点
>
> **3 ハラスメントという一番重要な指摘ができている**
>
> 主従関係のような形で強制することはできないという人権感覚が述べられていてOK。ニワトリの首を切るのにもインフォームド・コンセントが必要です。相手が患者であれ、誰であれ、人権を尊重することの大切さが論述できています。◎

> 採点者の視点
>
> **4 パターナリズムを知っているか**
>
> 医師が患者の自己決定を尊重せず、治療法を決定してしまうことをパターナリズムと言います。本人が嫌がっているならば、上から目線で押しつけてはいけない、という感覚が適切に述べられています。〇

面接・小論文対策で医師になる自覚を育てる

実物拝見 ［合格した受験生の小論文］

　大学側は、小論文を通して「医師としての自覚と資質」の有無を見ています。では、具体的にどのような出題でそれらを見ているのか、合格を手にした受験生の解答を再現し、解答ポイントを解説します。

CASE 1

患者の自己決定権の尊重の基礎をなす人権意識を問うものだが、もう1つの問いも隠れているもの

STEP 5

問題

愛知医科大学

　ある脚本家は、若手俳優を育てるために演技以外のさまざまなことをさせており、その1つとして生きたニワトリの首の切り方を教え、彼らに実行させることもありました。あなたが俳優志望者（医師志望者ではない）だとしたら、俳優のこうした育成方法をどのように考えますか。（600字以内、60分／2019年度・一般）

　今回の俳優のこうした育成方法には、**メリットとデメリットがあると考える**[1]。メリットとしては、脚本家の言う通り、**俳優としての演技の幅が大いに広がる可能性がある**[2]。もし演技の際にニワトリの首を切る演技があると、経験をしているとその時の感情や思いがリアルに観客に伝わりやすい。首を切る経験がない人と比べてそれは雲泥の差になると考える。ニワトリの首を切り落とす場面だけに限らず、経験が演技に生きることは往々にしてあると思う。

解答ポイント

　人権というものについての意識が問われていることに気づきたい。人権意識の有無である。患者の自己決定権の尊重の基礎には、基本的人権の尊重がなければならない。そしてもう1つの問いとは命あるものへの感謝の気持ちである。

157

解　説

「医学部受験生としての自覚と資質を確認すること」、これが医学部で小論文が出題されている理由です。

　医師を目指しているという自覚と資質を確認したいときに、あえて医療をテーマとした問題は出題しないこともよくあります。受験生から見ると、医学部の出題とは思えない奇妙な問題が出題されるようになってきているのです。しかし、医学部の小論文の出題なのですから、医師になる自覚と資質を見ようとしていることは間違いありません。受験生にはまったく不可解な問題と感じられるかもしれませんが、医学部小論文では医師を目指している受験生の自覚と資質を見ようとしているのだという点は何度でも確認し、理解しておく必要があります。

　今回の問題は人権意識を問う問題です。基本的人権の尊重、患者の自己決定権の尊重、こうした人権感覚があるか否か、それが問われています。人権感覚に乏しければ医師に向いていないと医学部では判断するということです。

　脚本家が俳優に対して、強制的にニワトリの首を切らせることはパワーハラスメントです。基本的人権を尊重する感覚がここにはありません。それに気づく必要があります。Aさんの解答はその点に気づいていることがわかります。これが採点する医学部側にとっては重要なポイントです。Aさんの解答はこの点で合格レベルなのです。

　課題文にも実はヒントが書いてあります。（医師志望者ではない）という傍線部分がヒントです。医師志望者、つまり医学部生は動物解剖、遺体解剖は拒否できません。医学教育のカリキュラ

面接・小論文対策で医師になる自覚を育てる

ムの一環だからです。しかし、医師志望ではない一般の人々は、動物解剖も遺体解剖も拒否する権利があります。ニワトリの首を切ることを拒否する権利も当然あるわけです。このことに気づくことができなければ、医師が患者に治療方針を押しつけるパターナリズムに対して敏感な受験生ではない、と判断されるでしょう。

　遺体解剖を誰もがする必要があるわけではないのと同様に、ニワトリを殺すことも誰もがすべきことでありません。しかし、私たちの多くはニワトリを食べます。ニワトリには命があります。命ある生き物です。私たちは日々命をいただいて、つまり命を食べて生きています。そのことに対する感謝の気持ちが食事をするときの「いただきます」という言葉に象徴されているのですが、この感謝の気持ちを私たちは日常の中で忘れてしまっています。
　しかし、医学部では「命あるもの」をいただいているということを思い出してほしいと思っているのです。最近の医学部ではこの「命あるもの」についての感受性を問う問題が多くなってきています。**「命あるもの」への想像力・共感力が医師を目指す受験生の資質として求められていることを自覚しましょう。**そのことに気づき、論述に反映することができれば、高い評価を得ることができるでしょう。

採点者の視点

1 利点と問題点を述べることができている

利点＝「医療への貢献をもたらす可能性」と、問題点＝「安全性や倫理性が問題視されました」という課題文の問題提起に答えることができています。反応すべき基本ポイントはOK。

◎

採点者の視点

2 「予期せぬ障害」も適切な論点

ゲノム編集技術はまだ開発研究中の技術なので、医療において使用された場合、予測不可能な問題が生じることが懸念されています。安全性を確保しなければ医療に用いることはできないという判断ができています。

○

一方で、ゲノム研究の遺伝子改変技術は、本文でも懸念されている通り、安全性に問題がある技術であるように感じる。例えば、生まれてきた子供に予期せぬ障害が出てしまったりするといった点が挙げられる。

また、親が望み通りの子供をもうける『デザイナーベビー』に繋がる可能性もあり、人類の改変、選別といった倫理的な問題も起きていくと考える。

また、遺伝子改変技術の問題点として、そこから生まれる子供だけでなく次の世代の子供にも、世代を超えて伝わってしまうといった点も挙げられる。失敗した際に取り返しがつきにくいので、人で試すことも非常に難しいと考える。

上記のような問題等がゲノム技術には含まれているため、ゲノム技術を使う際には、安全性や倫理面はもちろん、ゲノム技術を導入した場合に予想される社会の変化や、起きる可能性のある問題点にも考慮して慎重に使用を決めねばならない技術であると考える。

採点者の視点

3 患者の自己決定権の尊重という基本を応用できると良い

自己決定できる成人がゲノム編集医療を受けるのであれば、自己決定権の範囲内ですが、親の意向で受精卵にゲノム編集を使うのは、受精卵＝子供の自己決定権の範囲を超えており、日本では禁止されています。受精卵に自己決定権はまだないことを認識しましょう。

△

採点者の視点

4 次世代以降に遺伝することは自己決定権の範囲を越える

ゲノム編集で改変された遺伝情報が次世代に遺伝することも良くない、という指摘は重要です。この点についても自己決定権の範囲を超えているという認識を述べることができればより良いでしょう。

○

面接・小論文対策で医師になる自覚を育てる

医療技術の進歩についての知識や関心の有無を問い、患者の自己決定権の尊重という基本を応用するもの

CASE 2

問題

昭和大学

昨年11月、中国でゲノム編集技術により世界初の双子誕生を確認したと報告され、安全性や倫理性が問題視されました。将来はクローン人間の誕生なども懸念されていますが、医療への貢献をもたらす可能性もあると言われています。ゲノム研究についてあなたの考えを述べなさい。（600字以内、60分／2019年度・選抜Ⅰ期）

　私は、ゲノム研究は人類にとって素晴らしい結果をもたらす可能性がある一方で、その使用については慎重に決定しなければならない研究であると考える。

　まず、ゲノム研究がもたらす利点を考えると、真っ先に遺伝病の根本的な治療法となる可能性がある点が思いつく。私はこれに関しては、間違いなく人類にとって良いことであると考える。これまで根本的な解決法がなく苦しんでいる患者が、この技術によってその問題が解決するのは素晴らしいことであると考える。

解答ポイント

日頃から医療の進歩に対して関心を持っているか、医学部受験生としての知識と視野を有しているかを見ようとしている問題だが、その際、何が問題点なのか見抜く力も必要になる。

解　説

　日々進歩する医療技術に関する問題です。医学部受験生として
は自分の問題意識とともに、医療技術に関する知識も広げておき
たいところです。

　医療の進歩によってメリット、利点だけではなく、デメリット、
問題点も生じてきます。その両方を発想できるようにしましょう。
　Bさんの例では利点と問題点という形で述べられていて、しっ
かり発想できています。利点としては薬剤を使うことで任意の特
定のゲノムを簡単に編集できるので、遺伝子レベルの治療が可能
になるという点が挙げられるでしょう。

　医療技術の進歩の問題点としては、これまで考えられていなか
った倫理的問題が生じてきます。新しい技術がもたらす問題と言
えるでしょう。医療の進歩に伴い、倫理的問題はこれからもたく
さん起きてくると考えておきましょう。

　倫理的問題とは人間の命を考えるとき、その技術や考え方が妥
当なのか否かという問題です。このとき、医療を受ける当事者、
つまり患者さんの人権の問題を意識することも大切になります。
受験生側に基本的な問題点の設定ができる問題意識が必要になり
ます。今回のゲノム編集についてであれば、「自己決定権の範囲」
ということになります。

　自己決定できる人とは選挙権のある18歳以上ぐらいのイメージ
で良いと思います。子供の自己決定は難しいでしょう。受精卵で
はまだ意思が存在していませんから、もちろん自己決定はできま
せん。受精卵に対してゲノム編集をすることは日本では禁止され

面接・小論文対策で医師になる自覚を育てる

ています。課題文にある双子誕生も受精卵に対してゲノム編集を実行してしまった中国の事例です。この事例での倫理的問題は、誕生した双子の意思、「自己決定権の範囲」を超えていることです。医学部受験生としては、この点を確実に論述したいところです。

ゲノム編集することで次世代に遺伝してしまうという点も、「自己決定権の範囲」を超えています。編集された遺伝子を受け継ぎたくなかったという子孫が登場する可能性を否定できないからです。次世代に遺伝してしまう遺伝子治療、ゲノム編集医療を受けることは「自己決定権の範囲」を超えてしまいます。医学部受験生はこの点を意識的に覚えておくことが大切です。

生まれてきた以後の人間の体細胞に対して薬剤を使いゲノム編集する場合は、次世代に遺伝しないので、自己決定できる年齢であれば、医療を受けることは可能になります。しかし、予測不可能な事態の発生が懸念されており、ゲノム編集の安全性はまだ確保されていません。

さらにつけ加えれば、遺伝子を操作するわけですから、人権を考えた場合、より厳密な法律の整備も必要になるでしょう。法の整備といった視点も発想できるようにしたいところです。

ところで、今回の出題とは異なりますが、病態という病気の在り方が、社会の発展状況によって異なってくるという視点も課題文では出題されます。その際の基準は2つあり、1つは感染症が多いのか慢性疾患が多いのか、もう1つは平均寿命です。平均寿

命の違いは医療格差によって生じます。医療が進歩していて社会に行き渡っていると、平均寿命が長くなります。先進国の平均寿命は80歳を超えていますが、それに対して、アフリカ大陸の平均寿命は50歳前後です。この寿命の格差は医療の格差ゆえに生じています。こうした地球規模の国際的な視野も小論文を書くときに役立つことがあります。

　医学部では、日本国内において医療格差が生じることは良くないと考えているだけでなく、世界的な規模においても医療格差を好ましくないと考えています。格差があれば是正すべきという立場はどの医学部でも共通しているので押さえておきましょう。

　さらに歴史的な視点に立つと、日本も1960年頃までは高齢化率は６％ほどで高齢社会ではなかったのです。社会の進歩、医療の発展、食生活の向上に伴って、平均寿命が延びてきたのです。そうしたことも踏まえつつ、地球規模で生じている医療格差にも敏感に反応すれば、さらに評価が高くなります。

何を書いて良いかわからなくなったら

　広い視野で考えてみることです。そして、自分の思い込みに捉われないことです。医学部受験生にとっての重要なキーワードを思い出しましょう。

　基本的人権、命あるものへの共感力、インフォームド・コンセント、患者主体の医療、患者の自己決定権、患者と医師は対等、他者を尊重すること、相手の話をよく聞くこと、といったキーワードです。医学部の設問はこれらのどれかに当てはまります。どのキーワードと重なるか、イメージしましょう。うまく重ねるためには、イメージの練習が必要です。

 まとめ

　医学部小論文で問われているのは、医師としての自覚と資質です。その基本になるのは以下の現代医療の基本となる2つの考え方です。

①**患者主体の医療**
②**患者の自己決定権の尊重**

　①**患者主体の医療**とは医療の主人公は患者さんであるということです。②**患者の自己決定権の尊重**とは「患者さんの人権を尊重」することです。これらは医療現場だけでなく、社会生活においても必要な感覚です。「他者の権利」を尊重することができる人権感覚が求められているのです。医学部ですから、さらに、患者さんの権利、患者さんの人権という発想ができることが必要です。

基本的人権という言葉も忘れないようにしておきましょう。自己決定権については、子供や認知症のお年寄り、あるいは宗教など特別な考えを持っている人など、さまざまな場合があるので、できれば高校生にもわかる生命倫理の本を一冊読んで、考えてほしいと思います。

　さらに動物や植物など「命あるもの」への共感力も求められています。学科試験での数学と理科と英語の点数が同じであれば、「命あるもの」への想像力と共感力のある受験生に医学部では入学してほしいのです。
「命あるもの」への想像力と共感力を持った受験生が医師になったとき、患者さんを尊重できる医師になると医学部では考えているのです。合格する小論文にはそうした人権感覚と共感力が示されています。

KeyWord

自己決定権とは

患者さんが自己決定するためには、医師の説明が必要です。医師が患者さんの病状と治療法についての情報を説明し（＝インフォームドする）、その情報にもとづいて患者さんが自己決定します。その自己決定権が尊重されなければなりません。そのために患者さんが納得できるわかりやすい言葉で、医師が病状と治療法について情報を説明しなければなりません。患者さんの自己決定権を尊重するということは、患者さんが納得できる言葉で説明することが重要な前提条件になるのです。

インフォームド・コンセントのバージョンアップ

インフォームド・コンセントはこれまで「説明を受けたうえでの同意」や「説明と同意」と訳されてきました。患者さんが自己決定するために医師が情報を説明する＝インフォームドするということです。インフォームドを受けたうえで患者さんは自己決定＝同意するということになります。しかし、インフォームド・コンセントの質をもっと向上させて、バージョンアップしていく必要があると言われています。「説明と同意」という訳から「話し合いと合意」という訳へのバージョンアップです。患者さんと医師が「話し合い」「合意」する。単なる「説明」ではなく「話し合い」、単なる「同意」ではなく、お互いに「合意」して医療が行われることの重要性が、意識されるようになってきています。

小論文の表記上の基本ルール

- 段落分けをすること（１段落の字数の目安は200字程度）。

- 長い一文を書いて文意不明にならないこと（80字以上の一文を書かないこと）。

- 主語と述語が対応している文章を書くこと。

- 誤字も減点対象なので注意。

- 文体は「である体（常体）」で統一する。

- 段落分けの論述では、行頭のマス目に「 、」「 。」「 」」を書くのはNG。行末のマス目に1マスに2文字入れる形で「る。」などと処理すること。

- 指定された文字数に対して、80％以上は原稿用紙を埋めること。

Step 6

戦略的に受験大学の対策をする

① 入試(テスト)に強くなるための対策をとろう

「学力⇒入試（テスト）の点数」
この反映率を高めよう

　戦略的に受験大学の対策をするということは、言い換えれば「身につけてきた学力を入試（テスト）の点数にうまく反映させる」⇒「反映率を戦略的に高める」ということになります。

　この、反映率を高めることが医学部合格をつかみ取るのには欠かせないことになります。

　私は長年、受験生の指導に携わってきたのですが、受験生の中には「テストに強い受験生」と「テストに弱い受験生」がいます。授業中に問題を解かせたり、問題集の学習状況を見る限りではしっかりとした学力はついているはずなのに、なぜか「テスト」になるといつも実力が発揮できず点数が取れない受験生もいれば、逆に学力は十分ではないが「テスト」に強く、そこそこの点数を取ってくる受験生もいます。

　例えば、A君はある問題集について90％解ける学力があるのに、その問題集のテストをやると50点しか取れなかったとします。学力の点数への反映率は55％で、A君はテストに弱い受験生と言えます。

　Bさんは同じ問題集について70％しか解けないのですが、テストでは60点を取ったとすると反映率は85％とA君より高く、テス

戦略的に受験大学の対策をする

	学力		テストの点数		反映率
A君	90%	⇒	50点	=	55%
Bさん	70%	⇒	60点	=	85% 合格

反映率が合否を分ける！

トに強い受験生であると言えます。
　結果として学力は低くても反映率が高いBさんだけが合格することも起こり得ます。反映率を上げることは、合格をつかむために重要な要素となってきます。

　では反映率を上げるためにどういうことを意識する必要があるのでしょうか。
　もともと反映率が高い受験生と低い受験生を比較すると、反映率が高い受験生には共通した特徴がいくつか見られます。そのうち大事な3つを挙げると

①常に「時間を計りながら」勉強（問題演習）している。
②「補助知識（実際に問題を解く場面での、基礎的な知識の使い方）」を身につける努力をしている。
③「ミスを記録」して、繰り返さない努力をしている。

などがあります。
　このうち①の普段から「時間」を意識した勉強をしているかどうかは、「テスト」に強くなるために特に重要です。「テスト」は

制限時間の中でどれだけ多くの点数を積み重ねるかの勝負です。模試のときはもちろん、入試本番は特に時間の経過を意識しながら問題を解くことになります。「残り20分で15問、解かないといけない」といった「時間のプレッシャー」がのしかかってくると、いつもだったら解けるはずの問題も解けなくなってしまうのです。普段から問題を解くスピードを意識し、「時間のプレッシャー」をかけながら勉強するようにしましょう。

　また、「時間を計りながら」勉強することで、集中のスイッチも入りやすくなりますし、「この問題を解くのにはこれくらい時間がかかりそうだ」という時間感覚が身についてくると、テストでの時間配分もうまくできるようになります。高校生になったら常に時間を計りながら勉強に取り組んでほしいと思います。

　また、②の「補助知識」についてはStep 4で再確認してください。③の「ミスを記録」して、ミスをなくす工夫はこのStep 6の最後に出てくるので参照してください。

　この3つを意識した勉強に加え、さらに入試本番での反映率を上げるためには過去問を活用した勉強が欠かせません。

点数への「反映率」を上げるための基本

① 常に「時間を計りながら」勉強（問題演習）する

②「補助知識（問題を解くときの基本知識の使い方）」を身につける

③「ミスを記録」して繰り返さない

② 受験大学の対策に過去問をうまく活用しよう

医学部受験は「過去問」に始まり、「過去問」に終わる

　過去問を活用する目的の1つは、受験勉強で目指すゴールを明確にすることです。例えば、予備校の東大クラスだったら全員が東京大学を目指していますので、東京大学の入試問題に合わせたカリキュラム・教材になるのですが、国公立大医学部クラスや私立大医学部クラスの場合は、大学によって入試問題が違うので、ゴールが明確になりにくいという側面があります。大学別の予想問題もありますが、予想問題を解くだけでは本当の意味での対策にならないので、自分が目指す大学に合わせて対策を考えるという時間を取らなければなりません。

　そのためにも、自分が目指す大学の入試問題は、どういう形式で、どの程度の難易度の問題が出題されるのか、あらかじめ知っておかなければなりません。できれば、受験勉強を始めるとき（基礎固めができた時点で）、実際の問題（過去問）を1年分だけでも解いてみるのが良いでしょう。

　医学部入試は「先輩との戦い」にもなります。実際、ほとんどの大学の一般選抜での合格者は浪人生のほうが多いというのが現実です。

　現役生と浪人生の違いは、受験を経験しているか、いないかと

いうことです。浪人生は受験を経験し、実際の試験時間の中で入試問題を解いていますから、次の入試までにこの問題を6割解けるようにしよう、いや、7割解けるようにしようと、かなり具体的なイメージを維持しながら浪人中の1年間を頑張れます。これに対して現役生は、大学入試の経験がないので、基礎が固まったらできるだけ早く志望大学の過去問を解いてみて、ゴールとなる入試問題の具体的なイメージをつかみ、その問題で合格点を取るための準備を進めていかなければいけないことを肝に銘じます。

過去問対策のポイント

■過去問演習

　　　　自己分析…合格点を取るために何をするのか

現在の得点率　→　入試当日の得点率
　　50%　　　　　　65%以上

やるべきこと

①合格点とのギャップを埋める対策
　（具体的には、スピード・答案作成・苦手単元・ミス・苦手な出題形式など、何をどのレベルまで仕上げるか）
②解答順序・時間配分を考える

　　　　学習計画を立てる
　　　　PDCAサイクル

　私は**医学部受験は「過去問」に始まり、「過去問」に終わる**といつも言っています。医学部受験を意識し始めたら、早めに過去問の出題傾向を確認し、それに合わせて効率良く学力を伸ばし、入試が近づいてきたら過去問演習を志望大学の対策にうまく活用

するということです。

　過去問は、さまざまな問題集に載っていますが、最も使いやすいのは大学・学部別の入試過去問題集『大学入試シリーズ』(教学社)、通称「赤本」です。これを利用する受験生は多いのですが、赤本を買うときの注意点は発売の時期です。まず東京大学、京都大学、名古屋大学などのいわゆる旧帝大が出て、次に旧帝大以外の国公立大、有名私立大が出て……といった具合で、発売が10月～11月になる大学も相当あります。新しいものを買おうとして高3の秋まで待ってから手に入れても受験本番にはとても間に合わないので、全大学の過去問が出揃っている高2生の秋までに入手することをお勧めします。

　もちろん、過去問対策を始める前に、基礎的な学力をつけておく必要があります。高校の勉強もまだ消化しきれていない受験生は、実際に入試問題を見ても、レベルや難易度もわからないと思うので、高1生・高2生のうちに、しっかりと基礎固めをしておく必要があります。そして、高3生の春休みに過去問をやり、その結果を踏まえて、入試本番までの1年間の学習計画を立てるのが理想です。

　高3生や高卒生は学校や予備校での学習に加えて、自分が目指す大学の入試問題に合わせた問題集に取り組むことになります。例えば、京都府立医科大学のように英語の長文読解問題で問題文が非常に長い大学であれば、入試に間に合うように長文の問題集に取り組んでおく必要があります。愛知医科大学のように整序作文や空所補充など、いろいろな形式の問題が出題される大学であれば、それに合わせた問題集で演習します。数学にしても、基本的な問題しか出題されない大学、難解な証明問題が含まれる大学などいろいろなパターンがあるので、受験する大学に合わせた問題集を使って演習するなどの対策が必要です。

こうした対策と並行して、過去問を模試のような形で解いてみることで、合格点とのギャップを確認します。174ページの図では、目標点とのギャップが15%あります。ここで目標点が取れない原因（課題点）をチェックします。原因として①スピード力、②答案作成力、③苦手な単元、④苦手な出題形式、⑤ミスの多さ、などが考えられます。182ページの「過去問演習チェックリスト」を活用すると、効率良く確認できます。

　原因（課題点）を確認したら、それを解決するための学習計画を立てます。ここからはStep 2で紹介した「PDCAサイクル」です。計画を立て（Plan）、実行し（Do）、次の過去問演習で計画を評価し（Check）、改善する（Action）ことで確実に合格に近づくための学習ができるはずです。これを11月までに2～3回繰り返しておきたいところです。

過去問で時間配分のシミュレーションをする

　満点を取ることが目標ではありませんから、**問題を解く順番、時間配分、「この問題は捨ててこの問題は確実に取る」といった戦略も重要**です。問題を解く順番を1つ変えるだけで、得点率は上がります。例えば、数学で大問4題が出題された場合、第1問から第4問までざっと目を通して、自分の得意な単元の問題から解く、あるいは最も易しそうな問題から解くというのが大原則です。そして、最初に手をつけた問題が完答できれば、それが自信となり、他の問題も心にゆとりを持った状態で解けるので、得点が一気に上がります。

　実際の入試では、1問目が難問というケースもあります。戦略もなく最初から順番に解いていくと、第1問で多くの時間を使っても解き切れず、完答できなかったということもよく起こります。

しかも、次の問題が易しいにもかかわらず、焦ってしまって思うように得点できなかったら目も当てられません。入試本番の精神状態はかなり不安定になりがちなので、常日頃から、**問題を解く順番や、時間配分、「この問題は捨てて、この問題は確実に取る」というようなシミュレーションをしておく**と良いでしょう。

　過去問を解くときは、問題の全体がわかるように「赤本」の問題を拡大コピーして、解く順番や易しい問題の見極めの練習を行います。制限時間は実際よりも10％程度短くして見直しの時間をつくり、解答にケアレスミスはないか、解答用紙の記入ミスはないかなどをチェックすると良いでしょう。こういうことは本番で急にはできませんから、過去問を解くときは、常に本番を意識して習慣づけておくことが大事です。

　また、苦手な教科で、出題された全問題を完答できないなと感じた場合、この問題はここで打ち切り、あるいはここまで考えたら次の問題に行くというように問題ごとの制限時間を決めておくことです。例えば、問題を解き始めて5分考えて方針が浮かばなければ、次の問題に行くと割り切るわけですが、急に本番でやろうと思ってもできませんから、「赤本」で過去問に取り組むときに、**本番に向けた時間配分のシミュレーション**をしておきましょう。

　また、過去問対策では解答欄を意識することも大切です。数学の場合、広い解答スペースだと良いのですが、狭い場合はかなりコンパクトに解答をまとめなければなりません。こうした解答用紙も含め、受験大学の出題形式や特徴に慣れておきましょう。

　182ページの「過去問演習チェックリスト」では、解答順序や時間配分、捨て問の見極めもチェックできるようになっています。こちらもぜひ活用してください。

　直前期にも過去問を解きますが、最も効率の悪いパターンは、

過去問を解き、答え合わせをして、間違えた問題を理解するためだけに時間を費やすことです。過去に出た問題をできるようにすることはもちろん大切ですが、「過去に出た問題とまったく同じ問題は実際には出ない」という意識を持って、目標点とのギャップをどう埋めるかを考えてください。ギャップを埋めるには、今まで取り組んできた参考書や問題集を復習するのがベストです。直前期なので、新しい問題集に手を出すのは好ましくありません。使っている参考書や問題集は、自分の目指す大学の入試問題に合わせて選んでいるはずなので、過去問にプラスして、今まで使ってきた教材を解き直すことが大切です。

合計点で合格最低点を突破するための戦略を立てる

　入試が近くなってくると、時間が限られてきますが、**「合計点を伸ばす」**という考えを頭に入れてください。この時期に志望大学の過去問を解いて、その年度の合格最低点と対比してみます。例えば、179ページの表のA君の例で考えてみましょう。11月に2020年度の過去問を解いてみたときに、その大学の合格最低得点率が56％、過去問の得点率が49％でしたから、最低でも10％の得点力アップが必要になります。もちろん、これでは合格最低点ぎりぎりなので、63％程度の得点率になるような作戦を考えます。

　入試までの残りの2〜3カ月間で、今の学力状況からどうしたら63％にできるのか対策を立てるのですが、その際、総合計点で考えることが重要です。

　A君の場合、「数学や理科は合格ラインぎりぎりだが、一応は半分ぐらい取れているので、あとは英語の得点力アップが必要だ」と考えがちです。英語は知識問題など「伸びしろ」があるので、

戦略的に受験大学の対策をする

合計点で合格最低点を突破する

例：愛知医科大学　医学部
2020年度 合格最低点：281点（得点率約56%）

A君

	英語 (150)	数学 (150)	化学 (100)	生物 (100)	計
A君	60	90	45	50	49%
	75	110	60	70	63%

対策開始時の得点
受験日までの目標点

これに賭けるのも1つの手ですが、英語の得点を短期間で伸ばすのは簡単なことではありません。これに対して、化学や生物は頻出分野や出題傾向がはっきりしているので、こちらを伸ばすほうが容易です。また、数学は比較的得意なので、数学にも力を入れておけば、苦手な英語が大きく伸ばせなくても、総合計点で63%を目指せることになります。苦手科目の得点率が30%でも、他の科目でカバーして合格できた例はたくさんあります。180～181ページを参考にしてください。

具体的な対策としては、まず合計点の合格最低点＋5％か10％で目標点を設定します。次に科目ごとに設定するのですが、まず**得点の伸びが大きそうな科目の目標点を高めに設定して、残りの部分を各科目に配分**して、その目標点のギャップを埋めるために、残り3カ月でどのように対策するかを考えてください。満点を取る必要はなく、約60％で合格可能な大学も多いわけですから、仮に40％落としても大丈夫と考えてください。時間が限られている中で弱点を補うための学習計画ですので、**すべての問題を完璧にしようと思わないこと**です。

183ページの「過去問演習管理シート」は、全科目の過去問演習終了後に記入して、合計点で合格点を突破するための科目間の学習バランスを考える際に活用してください。

179

過去問を使って合格点を突破する作戦を考えよう

過去問対策と一口にいっても、受験生個人によって得意科目、不得意科目、レベル（習熟度）、さらに得意な単元等も異なります。当然、受験生一人ひとりで対策方法も異なってきます。
ここでは福岡大学の数学を例に挙げ、2人の受験生のタイプ別に対策法を解説します。

数学が得意で
英語が苦手なB君
B君

英語・化学・生物が得意で
数学が苦手なCさん
Cさん

STEP1	自分の学力に合わせて、科目ごとに目標点を設定しよう
福岡大学の合格最低点　275点（得点率69%）	
数学が得意なB君	**数学が苦手なCさん**
得意な数学で苦手な英語をカバーしよう 数学目標点 **80点（得点率80%）**	数学の失点は最小限に留め、 他科目でカバーしよう 数学目標点 **65点（得点率65%）**

戦略的に受験大学の対策をする

STEP2　目標点をクリアするための方法と具体的な正答数を考えよう

福岡大学の数学は？

目標点を達成するために、何をするべきか考えよう

数学が得意なB君	数学が苦手なCさん
分量が多く、問題による難易差が大きいので、**時間のかかる難度の高い問題は素早く見切りをつけて次へ進めること**。時間配分や出題傾向に慣れるため、**過去問演習は5年分行う**。	一般的に苦手意識が多い出題分野であるが、普段の典型的な問題演習通りに解ければ正答できる問題が多いことを意識させるため、**過去問演習は2年分行い**、その他の時間は**標準レベルの問題集でベースアップを図る**。
トータル2ミスを目指す　B君	トータル4ミスを目指す　Cさん

STEP3　方針が決まったら過去問を使い、解答順序、時間配分を決めよう

目標点を達成するために、時間配分を決めよう。
過去問演習は合格するために戦略的な計画を立てて取り組むことが大切です。

数学が得意なB君	数学が苦手なCさん
①1つの空所補充にかける時間は**約3分**程度とする。 ②解けない問題でも**5分**はかけない。 ③一通り解ききったあとで、**積分計算の確認、難問の多い確率、数列の見直し**に時間を使う。	①まずは、開始3分で一通り問題をすべて読み、すぐに解法が思いつく問題があるか確認し、あれば大問1からではなく、その解法が思いつく順に解いていく。解法が思いつかない問題は1つの空所補充にかける時間は**約5分**程度とする。 ②同じ小問内で難度が急に上がることもあるので、小問の完答にはこだわらず、**全問題で確実に解ける問題を解き切る**。

私立医学部を6大学ほど受験すると仮定します。1大学平均4科目と考えると、のべ24科目の対策をする必要があります。全24科目について、上記のような戦略を立てるためには時間がかかり、大切な勉強時間が減るおそれもあります。しかし、医学部合格を目指すうえで、計画的な過去問対策を行うことは、通常の勉強と同じくらい重要です。しっかりと時間をかけて計画を立てていきましょう。

過去問演習チェックリスト

大学名	科目	配点	試験時間
大学			

目標点	正答率

目標解答時間	解答時間

出題難易度
易　やや易　標準　やや難　難

試験時間に対する問題量
少ない　やや少ない　普通　やや多い　多い

到達度自己評価
◎　　○　　△　　×

特に対策すべき分野		▶	その対策法	
特に対策すべき出題形式		▶	その対策法	
その他の対策すべき内容		▶	その対策法	

時間配分	
◎　　○　　△　　×	気をつけるべきこと

解答順序	
◎　　○　　△　　×	気をつけるべきこと

捨て問の見極め	
◎　　○　　△　　×	気をつけるべきこと

※科目ごとに自己分析するためのシートです

戦略的に受験大学の対策をする

過去問演習 管理シート

※ 太枠部分は実施前に記入すること。

大学名
大学

年度	回数	総合				担任確認
		正答率	配点	目標点	合格最低点	
年度	回目					

科目	実施日	試験時間	設問形式	配点	目標点	正答率
英語		分	マーク ・ 記述 ・ 複合			
数学		分	マーク ・ 記述 ・ 複合			
理科（　）		分	マーク ・ 記述 ・ 複合			
理科（　）		分	マーク ・ 記述 ・ 複合			
その他		分	マーク ・ 記述 ・ 複合			
その他		分	マーク ・ 記述 ・ 複合			

到達度自己評価
◎　○　△　×

次回の科目ごとの目標点	英語	数学	理科（　）	理科（　）
特に対策すべき科目①		▶	その対策法	
特に対策すべき科目②		▶	その対策法	
その他の対策すべき内容		▶	その対策法	

次回実施予定日	英語	数学	理科（　）	理科（　）

※合計点で合格点を突破する戦略を立てるためのシートです。

③ ケアレスミスをなくすための対策をしよう

 得点に大きな影響を与えるケアレスミス

　過去問を解き、受験対策をしたうえで、ミスをなくす準備をすることも大事です。**入試本番での得点にケアレスミスは非常に大きな影響を与える**のですが、成績の上がらない人ほど、ミスを甘く考えているように見受けられます。

　数学でも、ケアレスミスの多い受験生は、模試のたびに10点から15点、場合によっては20点から30点もミスで落としています。数学でも理科でも、点数が10点上がれば、偏差値は7もしくは8も上がることもありますし、15点から20点上がれば、合格レベルに達することもあります。レベルの高い医学部入試では、ほんの数点の失点が大きく影響してくるので、ミスをなくすように努力することは重要です。

　例えば計算ミスが多い人であれば、計算練習をするたびにミスをチェックする習慣をつけてください。制限時間が気になり焦ってくると、どうしても途中の計算を省略して頭の中だけで考えがちですが、そうすると絶対にミスが出ます。ですから、書きながら問題を速く解く練習をしておくことが、ミスをなくすうえでは大切なのです。書かずに頭だけで考えるほうが速いと考えがちですが、計算経過をきちんと書きながら練習することでミスを防いだ方が得点力が上がります。

　人によってミスしやすい箇所は異なるので、**自分がミスしやす**

いパターンを確認します。メディカルラボではオリジナルの「ケアレスミスノート」(186ページ参照)を一人ひとりの生徒に配付し、記録させています。授業を行っている中で、講師が見つけた生徒のミス、例えば、「どういうところでミスをした」とか、「ここで問題の読み違いをした」などを記録しています。そうすることでその生徒のミスの傾向が見えてきますから、符号を間違えやすい生徒には「このときには必ず符号にアンダーラインをつけてミスをしないようにしなさい」、問題文を読み違えることが多い生徒には「問題文の中の必要な条件にアンダーラインを引いて、ちゃんと読むようにしましょう」などとアドバイスできます。自分でチェックする場合でも、ミスしやすいポイントをしっかり自覚することが必要です。

また、ミスした部分の履歴を見直せるように、過去にミスした答案のコピーを取っておきます。何度も解き直して、ミスしたところを再確認し、同じところをミスしないようにしてください。

ケアレスミスをなくすことがいかに大事かを肝に銘じるために、模試や定期テストのときは、ミスで何点失点したかを記録すると良いでしょう。ミスによる失点を「見える化」するのです。これによって、「ミスがなければこの試験は15点得点できていた」、「ここをミスしなければ偏差値は10上がっていた」などと気づくことができるので、ミスをなくす意義や悔しさが実感できるはずです。

入試の本番や、ある程度力がついてきたときに、一番怖いのは問題の読み間違いです。出題者の意図や、与えられた条件を、正しく読み取れない受験生がたくさんいます。問題を解く流れというのは、出題者の意図を読み取り、どこがゴールかを見つけ出し、そのゴールに向かってどのように解いていくか、どの解法とどの解法を組み合わせていくのかを考えて、それを考えながら正確に処理していくという作業になります。

出題意図を読み間違えると軌道修正が大変です。ある程度力がついてくると、問題を見たときに「これはあのやり方だな」とわかったつもりになりがちですが、実は最後まで問題文を読むと、別の条件が出ていて、そこに気づかないまま題意とは異なる方向に行ってしまうことがあります。「よしわかった」と思って安心せずに、問題文は最後まで読んで、与えられた条件を正確にチェックしてから解答に取りかかる姿勢を常に心がけましょう。**読み取りミスは力がついてくると起こりやすい**とうことを、意識してください。

入試本番では、**どんなに注意していてもミスは絶対に発生すると思ったほうが良い**のです。どんなにチェックしてもミスは起こるので、過去問を解くときは、可能ならば試験時間の10％程度は見直しの時間を取りましょう。例えば、試験の10分前ごろに大問１題が残っていた場合、頑張れば解けると思うかもしれませんが、10分考えても解けない可能性がけっこうあるので、解答の見直しをして、ミスを見つけ出し、取れるところで確実に点を取ったほうが得策です。

ケアレスミスノート

科目		日付		点数		回数	
ミス内容			原因		対策		
科目		日付		点数		回数	
ミス内容			原因		対策		
科目		日付		点数		回数	
ミス内容			原因		対策		
科目		日付		点数		回数	
ミス内容			原因		対策		

Step 7

入試本番で実力を発揮する

① 本番の試験を シミュレーションしよう

適度な緊張が合格には必要

　入試当日は誰でも緊張します。特に現役生は緊張の度合いが強いようで、緊張してはいけないと思うと、なおさら緊張するようです。しかし、適度な緊張は必要です。

　自律神経には、交感神経と副交感神経があり、交感神経は活動しているとき、副交感神経はリラックスしているときに優位になりますから、副交感神経をきちんとはたらかせることができれば、緊張しない方法として活用できます。一方、交感神経が優位になると、アドレナリンやノルアドレナリンが分泌されて興奮状態になるので、思った以上の力を発揮できるかもしれません。集中力や判断力も高まります。ですから、入試に臨むときは、**適度な緊張を保ちながらもリラックスしている状態**がベストと言えます。

　こうした理由から適度な緊張は良いことですが、過度な緊張は強い不安感につながり、入試では良い結果につながりませんから、できれば避けたいものです。過度に緊張しないためには、「どうせ緊張するのだから、緊張を楽しもう」と考えましょう。「緊張しているほうが、むしろ良い結果が出るはずだ」、「緊張しているときは集中力が増すはずだ」といった具合に、**緊張を前向きに捉えるぐらいが良い**でしょう。

自信を持って入試に臨むためには、自宅での環境も重要です。受験生は入試が近づくと神経が過敏になりがちで、保護者の言動が非常に強く影響するものです。保護者が心配して「今日はできたの？」と聞いてきたとしても、「大丈夫だよ」と、さらっと受け流すことも必要です。たとえ手応えがあまり良くなくても、「なんとかできたよ」と言えば安心しますから、あなたの気持ちも落ち着くはずです。

集中しにくい環境でも勉強できるようにしよう

　試験会場に入ると、自分以外はみんな頭が良さそうに見えるものですが、そんなことを気にする必要はまったくありません。また、相手を蹴落として自分が有利になろうと、さまざまなプレッシャーをかけてくる受験生もいますが、これも無視してください。医学部は多浪生も多いので、中には「俺はもう大丈夫だぞ！」と、これ見よがしな態度を取る受験生や、他の人を不安にさせるような言動をする受験生もいるようですが、プレッシャーをかけてくる人は、実は本人がプレッシャーを強く感じているわけですから、相手にする必要はありません。

　試験場の雰囲気に飲まれないためには、**早めに会場に行き、控え室や試験室内に居場所を見つけるなど、自分が安心できる空間を先につくること**です。落ち着いて参考書などを広げていれば、あとから来た人にプレッシャーをかけられることもなく、精神的に安定していられます。

　試験場に早く入るためにも、事前に下見をしておきましょう。受験シーズンになると、あちこちの大学で入試を行っていますから、「最寄り駅が同じだったため、他の大学に行く受験生の列に

ついて行って、試験場を間違えた」というような場合もあります。試験場を間違えないまでも、不慣れな都市では交通手段や移動時間が不案内で、集合時間に遅れそうになったり、間に合わなくなったりすることもあります。こんなことになっては焦りも出て、とても平常心で試験に臨むことなどできません。必ず下見をして早めに試験場に入ることを心がけましょう。

　入試本番は、試験会場の外からの雑音が意外と多いですし、受験生の咳払いや鉛筆の音も気になるものです。大勢の受験生に囲まれた中での緊迫した雰囲気ですから、集中しにくい環境です。その中でまわりを気にせず自分のペースを保たなければならないので、どんな環境でも実力を発揮できるように、たまには多少ざわめきのある場所や、集中しにくい環境で勉強してみてください。また、試験会場で多くの受験生が困るのは、待ち時間がかなり長いことです。科目と科目の間の休憩時間が長い大学もあるので、**あらかじめ試験時間割を確認**しておき、**実際にその時間割に合わせて勉強する**のも良いでしょう。入試が近くなったら、志望大学の試験本番と同じ時間割で勉強してみるのも、体内時計に時間感覚を意識させるという意味では有効です。

試験前日までの過ごし方

　試験日の１カ月ぐらい前になったら夜型から朝型に変え、早寝早起きの習慣を身につけます。体内時計は１週間から２週間あれば元に戻りますが、やはり心がまえがありますから、１カ月ぐらい前から入試本番に合わせた生活リズムに変えていきましょう。朝型の生活リズムに変えることで、朝から集中しやすくなり、午前中の勉強がはかどりやすくなります。前日にはしっかりと睡眠を取るようにしたいものですが、試験が気になってなかなか寝つ

けないこともあるでしょう。寝なければ困るなどと心配すればするほど寝つきが悪くなりますが、寝つけないのは他の受験生でも同じです。ベッドに入ってリラックスすれば、体は休まります。

試験中に行き詰まったときにはどう対応する？

　実際の入試で問題を解いていて、行き詰まったときに、焦らずにどう対応するかはとても難しいことです。例えば、数学の大問を途中まで解いて、このあとをどうするのか考えられなくなったときに、まだ粘って考えるか、それともあきらめて次の問題に行くのか、**切り替えのタイミング**をあらかじめ決めておきます。また、与えられた条件を見落としていたということもあるので、もう一度問題文を読み直すといった、**本番を意識した練習**を積むことも大事です。

　試験場に行くときに持ち歩く参考書や問題集は、あれもこれもと考えがちですが、あまりに多いと荷物になってしまいますから、自分の苦手な問題だけを集めたノートなど、これと決めたものを1冊持って行くのが良いでしょう。お守りではないですが、試験場でちょっと見返して、安心できるようなノートなり参考書を持って行くことをお勧めします。
　また、模試でもそうですが、解答用紙に名前や受験番号を書き忘れることが意外とあります。ですから、名前と受験番号と受験科目名は3回チェックする習慣をつけておきましょう。

自信を持って本番に臨もう

　ここまでで、医学部に合格するためにやるべきこと、必要なことをすべてご紹介してきました。それぞれのステップを着実に歩んできたあなたには、志望大学に合格するための力が確実についているはずです。あとは、自分を信じて「絶対合格する」という強い意志を持って本番に臨むだけです。

　入試本番が近づいてきたら、**「絶対に医学部に合格する」**と毎日声に出して言ってください。声に出して言うことで、決意が強固になり、力が湧いてくるのを感じるはずです。Step 1 でも述べましたが、合格するために必要なのは、自分を信じて諦めない強い覚悟・決意です。

　最後まで自分を信じて頑張ってください。絶対に医学部に合格しましょう！

付録
1

2021年度
医学部入試が
大きく変わる

「センター試験」から「大学入学共通テスト」へ

　大学入試センター試験（以下センター試験）は2020年の1月実施を最後に廃止となり、2021年の1月から「大学入学共通テスト」（以下、共通テスト）が導入されます。

　グローバル化の進展やAI、ICT、ロボットなどの技術革新に伴って社会は大きく変わり、少子高齢化による生産年齢人口の急減は必至です。時代とともに必要な能力は変わってくるため、入試改革が行われることになったのです。

　では、大学入試はどう変わるのでしょうか。新しい制度では、センター試験で問われていた**「知識・技能」**に加え、**「思考力・判断力・表現力」**、**「主体性を持って多様な人々と協働して学ぶ態度」**の3要素が求められる入試になります。

　「センター試験」に代わる「共通テスト」では、全科目で「知識・技能」だけでなく「思考力・判断力」を重視する出題になります。

　入試制度が変わることは多くの受験生にとって負担であり、不安を抱く人も多いでしょう。2018年11月に実施された試行調査（プレテスト）の出題傾向とともに、新入試について解説していきます。

全科目のマークシート式方式で出題傾向が変化

　共通テストでは「思考力・判断力」を問うため、すべての科目でマークシート式問題の改善が行われます。今までのセンター試験で主に求められていたのは、知識・技能でした。しかし、共通テストでは、**複数の文章、資料、会話文などを読み取り、情報を統合し、考察する力**が必要とされます。

　2018年度の試行調査では、複数の文章、資料、会話文などが扱

2021年度医学部入試が大きく変わる　付録1

われる問題が全科目で増加し、そこから必要な情報を抽出し、情報のつながりを理解したうえで推測したり、総合的に考察したりするなど「思考力」「判断力」を問う出題が多く見られました。また、資料をもとに考察を深めていくタイプの問題だけでなく、ある「主張」に対して「前提となる事実」や「主張の根拠として適切な資料」を選択させるなど、新形式の設問も見られました。

　さらに**社会や実生活とのかかわりを意識した出題**が増加したことも特徴です。試行調査ではすべての科目で社会や実生活とのつながりのある題材が取り入れられました。

　また、「正しいものをすべて選べ」など、当てはまる選択肢をすべて選択させる問題や、「解なし」の選択肢を解答させる問題など、**従来にない問い方や解答形式の問題**も多く見られました。ですから、これまでの消去法などのテクニックは通用しなくなるわけです。

　例えば2018年度の試行調査の英語では、第2問Aはインターネットに掲載された料理レシピやその写真から、説明文の要点を捉える力や、情報を事実と意見に整理する力などを問う出題でした。第2問Bは「学校における生徒の携帯電話使用の是非」についてディベートの準備をする場面で説明文を読み取り答えさせる問題であり、実生活につながるような設定になっていました。他にも市のウェブサイトや学園祭に関するブログを読み取るなど、扱う英文素材が説明文や物語文ばかりでなく、日常的に接する機会が多い素材が取り上げられており、また英文量も多くなっていました。さらに、第4問では生徒の読書習慣について書かれた複数の記事やグラフから、書き手の意図を把握したり、必要な情報を抽出する力が問われたり、第6問Aでは授業で行うグループ発表の準備場面で、アジアの女性パイロットに関する記事を読み取り、答えを導き出すという出題もありました。人の考えをきちんと理

解し、それをいかに分析して答えを出すかなど、より実生活で使える英語を重視しているだけでなく、いかに使うのかまでを評価する内容になっています。

　リスニングも単に聞き取るだけでなく、複数の情報を比較して判断したり、英語での議論を聞いて要点をまとめたりするなど、思考力・判断力が求められる内容になっています。さらに、第4問から第6問は、1回のみの聞き取りで長めの長文の内容を把握する必要があります。その中で社会的な話題などに関する講義を英語で聞いて図表やワークシートを完成させる出題や、聞き取りと並行して多くの情報を読解して答えさせる出題などがありました。これらの出題では、多くの情報の中から必要な情報を聞き分け、素早く判断することが求められていました。

　深い理解を伴う「思考力」「判断力」を問う出題は理科（物理・化学・生物）でも顕著に見られます。例えば、身近な現象や題材をもとに実験考察力を問う出題や、実験結果に関する説明が科学的に正しい考察になるような選択肢を選ばせる出題などがありました。また、1つの大問内に複数の分野の内容が含まれる出題や、多くのデータや情報を読み取って活用する出題も多く、知識だけでなく与えられた情報をいかに処理するかといった読解力・思考力・判断力が問われます。

　先ほども述べたように、共通テストではすべての科目において複数の情報を組み合わせて判断・思考する必要があり、暗記中心の勉強だけでは通用しません。

付録1 2021年度医学部入試が大きく変わる

英語ではリスニングがより重要に

　共通テストの実施に伴い、多くの大学でリスニングの配点が今までより高くなります。今まで、センター試験では、筆記：リスニング＝200：50という配点だったのに対し、共通テストではリーディング：リスニング＝100：100とリスニングの配点比率を高くしているからです。これをもとに各大学が、独自に配点比率を決めるのですが、全国の国公立50大学のうち、今までどおりの配点比率の医学部は半分以下の21大学にとどまり、半数以上の大学でリスニングの配点比率が高くなっています。ですから、志望大学の配点比率をチェックし、リスニングの配点比率が高ければ、よりしっかりとしたリスニング対策が必要となります。

　また、今まで、センター試験のリスニングの点数を合否判定に利用しなかった東京大学は7：3、滋賀医科大学は4：1の比率でリスニングの点数を利用するようになります。逆に、愛媛大学は9：1とリスニングの配点比率を下げています。共通テストのリスニングのできが出願校の選定にも影響を与えそうです。

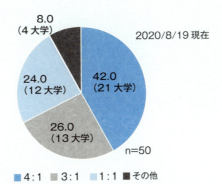

国公立大学 英語
リーディング：リスニング配点比率の割合（％）

大学名	R:L	大学名	R:L	大学名	R:L	大学名	R:L
旭川医科	1:1	横浜市立	4:1	京都	3:1	香川	4:1
北海道	1:1	新潟	4:1	京都府立医科	1:1	愛媛	9:1
札幌医科	1:1	山梨	1:1	奈良県立医科	3:1	高知	4:1
弘前	1:1	信州	4:1	和歌山県立医科	3:1	九州	1:1
東北	3:1	富山	4:1	大阪	3:1	佐賀	3:1
秋田	4:1	金沢	1:1	大阪市立	3:1	長崎	4:1
山形	1:1	福井	3:1	神戸	4:1	熊本	4:1
福島県立医科	3:2	岐阜	3:1	鳥取	4:1	大分	1:1
筑波	4:1	浜松医科	3:1	島根	4:1	宮崎	4:1
群馬	4:1	名古屋	3:1	岡山	4:1	鹿児島	3:1
千葉	4:1	名古屋市立	4:1	広島	1:1	琉球	1:1
東京	7:3	三重	2:1	山口	4:1		
東京医科歯科	3:1	滋賀医科	4:1	徳島	4:1		

R:リーディング
L:ライティング

2021年度医学部入試が大きく変わる 付録1

「統合型選抜」「学校推薦型選抜」が拡大し「一般選抜」が狭き門に

　新入試制度では、入試方式の名称が変わります。一般入試は「一般選抜」、AO入試は「総合型選抜」、推薦入試は「学校推薦型選抜」へ変更となります。つまり「入学試験」から「選抜試験」へと変わることで、大学が求める人材をしっかり選抜しようという意図が読み取れます。

　総合型選抜、学校推薦型選抜では、今まで以上に「知識・技能」「思考力・判断力・表現力」といった学力も問われるようになります。逆に、一般選抜では学力の評価だけでなく「主体性を持って多様な人々と協働して学ぶ態度」をしっかり評価するため、面接試験や志望理由書、調査書をより重視する傾向になります。さらに国公立大学では、総合型選抜、学校推薦型選抜の定員を全定員の30％を目標に拡大するとしています。2020年度入試での医学部医学科のAO・推薦入試の定員は約20％なので、この定員がさらに増えることになりそうです。

　面接試験の方法も個人面接、集団面接、集団討論、MMI（multipule mini interview）と多様化しています。MMIとは特定のテーマの個人面接を複数回、面接官およびテーマを変えて実施する形式で、すでに国公立大学では北海道大学、東北大学、千葉大学、横浜市立大学、神戸大学などが、私立大学でも東京慈恵会医科大学、東邦大学、藤田医科大学などが実施しており、人物評価をより重視する傾向にあるようです。

199

共通テストとは直接関係はありませんが、2022年度以降、医学部の定員は減少する可能性があります。国は「新医師確保対策」「緊急医師確保対策」「経済財政改革の基本方針」「新成長戦略」などを通じて医師不足を改善するために、医学部の定員を増やしてきました。2007年度7,625名だった定員が、2019年度には9,420名へと約1,800名も定員が増加しました。1大学あたりの医学部定員が約100名であることを考えると、18大学分もの定員増が行われてきました。しかし、この増員のうち1,011名分は2019年度までの期限つき臨時増員なので、この分が減少する可能性があるのです。2021年度までは暫定的に現状の定員がほぼ維持される方向ですが、2022年度以降は医師の働き方や需給状況にもとづいて、方針を見直すことになっているからです。

これとあわせて、先ほど述べた総合型選抜、学校推薦型選抜の定員拡大によって一般選抜の枠も縮小されるため、医学部入試はますます狭き門となってしまうのです。

医学部定員の推移

	1960 S35年度	～	2008 H20年度	2009 H21年度	2010 H22年度	～	2018 H30年度	2019 H31年度	2020 R2年度
国立	—	～	4,165	4,528	4,793	～	4,923	4,923	4,854
公立	—	～	728	787	812	～	844	844	843
私立	—	～	2,900	3,171	3,241	～	3,652	3,653	3,633
前年差	—	～	+168	+693	+360	～	+158	＋1	-90
計	2,840	～	7,793	8,486	8,846	～	9,419	9,420	9,330

メディカルラボ調べ

2021年度医学部入試が大きく変わる　付録1

今後の医学部の定員について

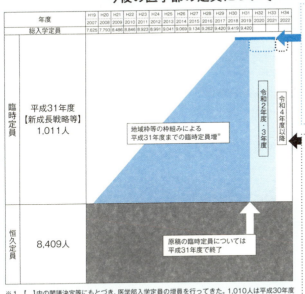

※1 【 】内の閣議決定等にもとづき、医学部入学定員の増員を行ってきた。1,010人は平成30年度時点の臨時定員。
※2 平成29年度から31年度までの追加増員については、各都道府県からの追加増員の要望に対しては、これが本当に必要な増員であるかどうかについて、慎重に精査。
※3 中間取りまとめにおいては、「平成32年度以降の医師養成数については、今回の医師需給推計の結果や、これまでの医学部定員の暫定増の効果、今回の見直しによる医師偏在対策の効果等について可能な限り早期に検証を行い、平成22年度から31年度までの暫定増の取扱いも含め、結論を得る」とされていた。
※令和元年7月3日「第2回医道審議会医師分科会医師臨床研修部会 参考資料2」より抜粋

 基礎を固め、思考力を培えば新入試は怖くない

　各大学の個別試験も変わる可能性もあります。文部科学省は、個別試験でも「知識・技能」、「思考力・判断力・表現力」、「主体性を持って多様な人々と協働して学ぶ態度」の3要素を評価するように通達しています。これに従い、国立大学協会（国大協）は「すべての受験生に個別試験で論理的思考力・判断力・表現力を評価する高度な記述式試験を課す」ことを基本方針として出しています。実際に、長崎大学では2021年度入試から「高度な記述式問題」を導入するとしています。

201

新入試制度で求められる力とは？

①思考力・判断力（共通テストで求められる力）
・複数のテキストや資料から、**必要な情報を比較・組み合わせ、思考・判断** する力
・学んだ内容を**日常生活と結びつけて応用** する力

②表現力（記述力）
・**根拠を示しながら論理的に記述** する力

これらの力を伸ばすために大切なのは

「学習の質」

　大きな変革の年に当たる受験生の皆さんは不安も大きく、その準備も大変だと感じていると思います。しかし、過剰に不安になることはありません。新入試制度に対応するために必要な学習法は、この本の中に書いてあります。思考力・判断力・表現力のもとになるのはしっかりとした基礎です。丸暗記ではなく、応用できる基礎力（理解にもとづく基礎力）を身につけたうえで、その活用の仕方を良問を使って練習することで思考力・判断力・表現力を効率良く伸ばすことができます。

　重要なのは学習の質です。この本の学習法のコンセプトはまさに、今回の新入試制度にマッチする考えだと思います。従来の暗記中心の学習では太刀打ちできませんが、この本で正しい学習法を身につければ、新入試でどんな問題が出題されても怖くないはずです。

付録 2

医学部受験生の保護者の役割とは？

体調管理など、側面からサポートを万全に

　最後に、受験生の保護者の役割を考えてみましょう。受験するのは本人ですが、側面からサポートすることはいろいろできますから、保護者も積極的にかかわっていくと良いと思います。しかし、志望大学に合格できるか不安に思っているのは、保護者も受験生本人も同じですから、保護者としてはプレッシャーをかけすぎないことを心がけたいものです。保護者が過度に神経質になっては逆効果です。なるべく普段通りの生活の中で、受験生がリラックスして過ごせるような環境づくりを心がけてください。

　保護者の役割として最も重要なのは、受験生の健康管理です。いくら勉強で頑張っていても、体調を崩してしまい、入試本番で実力を発揮できなかったということになっては困ります。食事は、1日3回、栄養バランスの取れたものを摂ることが基本です。夜遅くまで勉強していて、朝起きるのが辛く、朝の食事は摂らないか、摂っても簡単なもので済ませて高校や予備校に行くという受験生も少なくないですが、こういう生活はすぐに改善すべきです。ご飯やパンなどの炭水化物は脳にとって重要なエネルギー源ですから、しっかり摂るようにします。ビタミン類や乳酸菌などは免疫力を高めてくれますから、野菜や果物、ヨーグルトなども献立に加えましょう。昼食や夕食も栄養バランスを考えた献立が良いのですが、塾や予備校に行っていて帰宅が遅くなったときは、夜遅くにボリュームのある夕食は避けたいものです。また、食べ慣れていない料理だと胃腸に負担をかけることもありますので、受験シーズンは、食べ慣れた料理が無難かもしれません。

　受験シーズンは風邪やインフルエンザが流行する時期です。感染すると体力が落ち、勉強にも支障が出ますから、本人はもちろ

医学部受験生の保護者の役割とは？　付録2

んのこと、家族も感染しないように、うがい、手洗いを徹底することが重要です。もし、家族から患者が出てしまったら、できるだけ受験生との接触を避け、受験生が使用する場所はこまめに消毒しましょう。口や喉が乾燥すると、抵抗力が低下してウイルス感染しやすくなりますから就寝時に加湿器を使うのも効果的です。

　また、受験に直接関係することでも、保護者としてサポートできることがたくさんあります。志望大学を決める場合、いくつかの候補をピックアップしますが、比較検討するために大学案内パンフレットなどの資料を大学から取り寄せたり、大学のホームページで情報を集めたりすることは保護者にもできます。そして、志望大学が決まれば、願書の取り寄せや、願書を郵便局に出しに行くことも代行できますし、遠方の大学の場合は、宿の手配や交通機関の切符の手配も保護者ができます。

　この他、小論文や面接に関する情報を収集するのも良いかもしれません。例えば、医学部の小論文や面接では医学・医療に関することがよく出題されますので、最近のニュースで話題となったことや、医学・医療に関する専門用語などを調べてあげるのも良いでしょう。こうしたことは、ある程度は受験生本人がやったほうが良いのですが、受験を取り巻く状況は昔と様変わりしていますから、すべて本人任せにしないで、保護者ができることは極力サポートしてあげるのも良いでしょう。

　親子で面接の練習に取り組むご家庭もあるでしょう。そのときに、ついアドバイスしたくなるかもしれませんが、親子間のアドバイスはなかなか難しいですし、親の言うことを子供は素直に聞きづらいものなので、アドバイスし過ぎるのは良くありません。医学部の面接では、1つの質問に答えたら、その答えを深掘りしていくような質問や、それに関連づけた質問が続きますから、「そこをもう少し説明して」とか「まだまだ曖昧だから、もうちょっ

205

と具体的に説明して」という具合に、3回、4回と掘り下げていくような質問を意識して練習すると良いと思います。

子供を信じ切ることが大切

　特に医学部入試の場合、保護者の過度な期待は受験生のプレッシャーになるので、一歩離れて「陰ながら応援しているよ」という態度のほうが、本人にとっては勉強に集中しやすいですし、そのほうが親に信頼されていると思うでしょう。あれこれ細かいことにまで口出しするのではなく、何も言わないほうが「信じてくれているのだ」と思いやすいのです。

　保護者が100％子供の味方になるのは当たり前です。ですから、模試の成績が悪かったり、ストレスが溜まってイライラしていたりして、合格に向けてあまり良くない状況だとしても、すべてを前向きに受け止めてください。模試の成績を見て保護者が不安になると、その不安な気持ちはすぐに子供に伝わります。その結果、子供が不安になって勉強が手につかなくなったり、模試の成績を見てがっかりして、テストが怖くなるということになるので、保護者はあまり細かいことは気にせず、「たまたま悪かっただけだから大丈夫だよ」などと、軽く受け流すぐらいが良いようです。

　子供の話をしっかり傾聴することも大事です。子供が話している最中でも、間違った方向に進まないようにアドバイスをしたくなるものですが、最後まで話を聞いてあげることが、本人の自信にもつながります。また、話を聞いてもらえたことで本人も自ら考えるようになり、自分のことは自分で決めるようになるのです。

　医学部入試は、誰かに言われたからではなく、自分の意志で医学部に行くと決めることが大事です。実際の入試では、「合格する」

医学部受験生の保護者の役割とは？　付録2

と自分を信じている受験生しか合格しません。保護者の影響は非常に大きいですから、保護者が諦めたら本人も諦めてしまいます。ですから、どんな状況でも保護者は子供を信じ切ることです。

　子供が受験するとなると、保護者としてさまざまな心配ごとや悩みが出てきます。今はインターネット上にいろいろな情報が溢れています。参考になるものも多いのですが、口コミ情報にはデマみたいな受験情報も含まれています。それに保護者が振り回されることは避けたいものです。子供の受験に関して困ったことや相談したいことがあれば、高校の先生や予備校のアドバイザーに相談してみてください。

著者紹介

可児　良友（かに・よしとも）
医系専門予備校メディカルラボ 本部教務統括

1991年から大手予備校で受験生の指導に携わり、数多くの医学部・
歯学部志望者を合格に導く。その豊富な経験をもとに、マンツー
マン授業で合格を確実なものにする医系学部受験の指導メソッド
を構築。2006年に医系専門予備校メディカルラボの開校責任者と
なる。カリキュラムの監修や講師・スタッフを統括する本部教務
統括として、また生物の講師として、現在も医学部受験の最前線
で活躍中。各地で医学部受験をテーマに講演を行い、近年はテレ
ビ等のマスメディア出演も多数。

医系専門予備校メディカルラボ　http://www.medical-labo.com/

2022年度用

「医学部受験」を決めたらまず読む本
2020年11月25日　初版発行

著　者	可児良友
発行者	武部　隆
発行所	株式会社時事通信出版局
発　売	株式会社時事通信社
	〒104-8178　東京都中央区銀座 5-15-8
	電話03（5565）2155　https://bookpub.jiji.com
印刷・製本	株式会社太平印刷社

©2020　KANI, Yoshitomo
ISBN978-4-7887-1707-7 C0037　Printed in Japan
落丁・乱丁はお取り替えいたします。定価はカバーに表示してあります。